JN023867

里中哲彦 著

# そもそも英語ってなに？

「侵略の英語史」と「学習の極意」

現代書館

ヒトラーが第二次世界大戦に勝利し、アメリカ合衆国が中南米の同盟国程度の存在に格下げされていたら、おそらくこんにち、われわれは世界の媒介言語としてドイツ語を使っていただろうし、日本の電機メーカーは香港の空港にある免税店で販売する自社製品の広告をドイツ語で表記していたことだろう。

——ウンベルト・エーコ
*The Search for the Perfect Language*
（『完全言語の探求』）

この本を手にとってくれたということは、あなたは少なからず英語に興味を持っているにちがいありません。

あなたはペラペラと英語を話せるようになりたいという願望を持っているのでしょうか。それとも、英語を学ばなくてはならないこと自体に疑問をいだいているのでしょうか。ほかにも理由があるのかもしれませんが、「英語を学ぶとはどういうことなのか」という点ではどうやら一致しているようです。

わたしたちは、英語にまつわる、さまざまな思い込み、妄想、俗説に惑わされています。そして、それらに縛られ、悩み、苦しみながら英語を学んでいます。英語学習といえば、いまや苦行（くぎょう）と屈辱の代名詞にほかなりません。

そもそも日本人であるわたしたちが「英語を学ぶ」ということ

はいったいどんな意味を持っているのでしょうか。

「学ばない」という選択肢はないのか。学ぶとしたら、日本人英語でかまわないのか。英語はどうやったら身につくのか——こうした疑問や悩みに寄り添って、これから数カ月間、机に向かおうと思います。

この本は、学校では教えてくれない「英語の補助教材」です。世に出まわっている通説や前提に疑問を感じ、もっと考えを深めてみたいと思っているあなたには、「ふーん。そういうことなのか」と納得するところが多いと思います。

みなさんを子ども扱いするつもりはありませんが、極力やさしく書くことを心がけましたので、主として高校生と大学生を読者対象としているものの、中学生でも十分読めるはずです。それでは、どうぞ本文のページを開いてみてください。

里中哲彦（さとなか・てつひこ）

そもそも英語ってなに？

目次

## 追記

（1）「母語」に対応するものは「外語」ですが、一般にはなじみがないため、本書では「外国語」という名称を用いています。

（2）本書で使っている「ネイティブ」および「ネイティブ・スピーカー」は、native speakers of English（英語を母語とする人たち）のことですが、こうした呼称がすでに定着しているため、それら表記にしたがいました。

（3）「外人」という言葉には、「よそ者」という意味合いがありますが、訪日外国人たちは、日本人の多くが彼らに排他的な感情を抱いていないということをよく知っていて、あえてみずからを「ガイジン」と称することがあります。こうした理由から、外国人のことを「外人」ではなく、「ガイジン」とカタカナで表記している箇所があります。

（4）本書では、日本人に見られる特徴的な英語を「日本人英語」と呼んでいます。「アメリカ英語」「インド英語」「シンガポール英語」などは〔国名＋英語〕としてすでに広く世界で認知されていますが、日本人の使っている英語は、英語の一形態（変種）として広く容認されていないことから、「日本英語」ではなく、「日本人英語」と表現しています。

（5）英語と英語学習に関する50の質問は、編集部がリサーチして収集したものを筆者が取捨選択したものであることをお断わりしておきます。

1

## 英語はいつ、どこで「産声」をあげた？

英語の原型はいつごろつくられたのですか。大まかに教えてください。

紀元前、ブリテン島に暮らしていたのはケルト語をしゃべるブリトン人（ケルト人）と呼ばれる人たちでした。

彼らはもともとヨーロッパ各地にいたのですが、民族のせめぎ合いのなかでブリテン島に移り住みました。いまイギリス人たちが住んでいる島をブリテン島（Britain）と呼んでいますが、それはブリトン人（Britons）にちなむものです。

紀元前後、ブリテン島はラテン語を話すローマ軍の侵略を受け、その支配下におかれますが（地域社会ではケルト語とラテン語の両方が話されていました）、しだいに勢力を失い、西暦 407 年、ローマはついにブリテン島から撤退を余儀なくされます。

ローマ軍が去ると、入れ替わるように侵入してきたのはゲルマン人でした。ゲルマン人というのは、ヨーロッパの北のほうに住んでいた人たちの総称で、いまのノルウェー人、デンマーク人、ドイツ人、オランダ人の祖先にあたります。

ブリテン島にやってきたのは、アングル人、サクソン人、ジュート人たちでした。5 世紀の半ばころです。

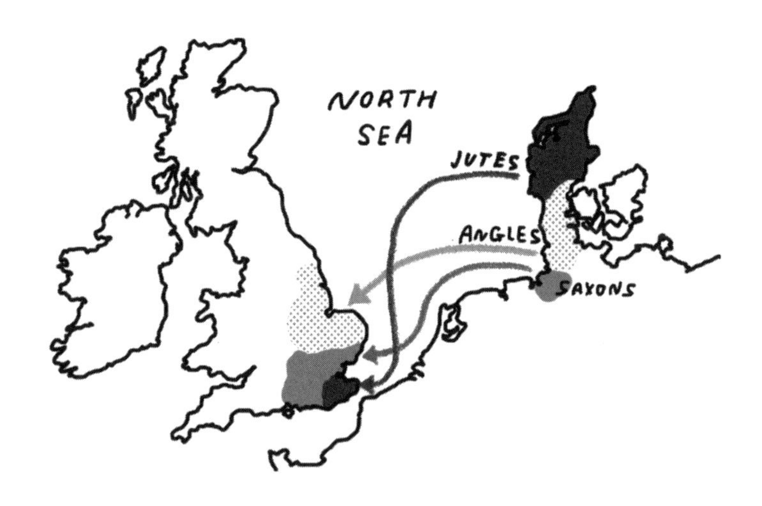


「アングロサクソン」という言葉を聞いたことがありますか。これはヨーロッパ大陸のゲルマンと区別してブリテン島のゲルマン（アングル人やサクソン人）、つまりイギリス人を指すときの名称で、世界史を語るときに欠かせない用語です。

アングロサクソンがブリテン島に侵入した 449 年に英語の歴史は始まります。以後、1500 年以上にわたって変容をくりかえしながら、こんにちの英語が形成されました。

ちなみに、イングランド（England）という名は「アングル人の土地」（Angle-land → Engla-land）からきていますし、英語（English）も「アングル人の言語」という意味です（その意味でいうと、“English” は「英語」ではなく「イングランド語」と訳すべきでした）。

アングロサクソン人がやってきたせいで、もともとブリテン島にいたケルト人はコーンウォール、ウェールズ、スコットランド、アイルランドといったところに追いやられてしまいました。こんにちのウェールズ語やゲール語（アイルランドやスコットランドで話されている言語）はケルト語から派生したものです。

アングロサクソンが先住民のケルト語から借用したのは、ロンドン（London）、テムズ（Thames）、ドーバー（Dover）などの地名や川の名前がほとんどで、日常生活語は見向きもされませんでした。

こんにち、ウェールズ人、スコットランド人、アイルランド人などのケルト系の人たちが「イングリッシュ」と呼ばれるのを好まないのは、政府権力にずっと差別されてきたことへの恨（うら）みがあるためです（彼らとつき合ううえで、このことはけっして忘れてはなりません）。スコットランド人たちがいまもイギリスから離脱したがっているのは、もとはといえば中央政府の主流（イングランドの人たち：アングロサクソン）に対する敵意や反感が根強くあるからです。

さて、このころ日本はどんなふうだったのか。仁徳天皇陵（大阪府堺市）が築かれ、古墳時代（＝前方後円墳時代）の中期にありました。

2

## 英語が「消滅」の危機!?

いまや英語は世界中に広がっていますが、消滅の危機とかはなかったのですか。

5世紀の半ば、英語はブリテン島のほんの一部でしか話されていない小さな言語でした。それが、あなたも知るように、こんなにも強大な言語に成長しました。

とはいえ、およそ1500年にわたる英語の歴史をふりかえってみると、それは順風満帆（まんぱん）といえるものではありませんでした。厄災にも幾度となく見舞われ、消滅の危機に瀕（ひん）したことさえありました。

8世紀半ば以降、イギリスは北欧のヴァイキングの侵入を頻繁に受けるようになり、11世紀初頭にはデーン人（北欧のヴァイキング）がイギリスの国王になりました。というわけで、8世紀から11世紀の半ばまでは北欧語（古ノルド語：デンマーク語、スウェーデン語、ノルウェー語の祖先）の影響を受けることになったのです。

なかでも英語史におけるもっとも大きな事件は、1066年に起こった「ノルマン人の征服」（the Norman Conquest）です。

ノルマン人（フランス人）がやってきてアングロサクソン人（ゲルマン人）を蹴散らし、フランス語を公的な場（宮廷、議会、法廷など）の言語にしてしまったのです。

以後、300年ほど、フランス語が支配層の言語として君臨することになります。ついに英語は表舞台から消え、庶民（人口の9割以上）の日常語として命脈を保つこととなりました。

ところが、イギリスで暮らす貴族たちが祖国フランスの領地をめぐる争いに惨敗すると、しだいにフランスを敵視するようになり、イギリス人としての自覚が醸成されるようになります。

さらに、フランスとのあいだに王位や領土をめぐる戦争（「百年戦争」と呼ばれています）が勃発すると、フランス語は「敵性語」とみなされ始めます。

ここに至って、英語は復活の兆しを見せます。1362年、議会での開会宣言が英語でなされると、英語は完全に息を吹きかえし、以後、法廷や教会でも英語が使われるようになります。

こうした経緯があって、たくさんのフランス語が英語に入り込みました。その数、1万ともいわれ、そのうちおよそ7500語が現代英語に伝わっています。

英語はまた、ラテン語の影響も大きく受けています。

どうしてラテン語かというと、ラテン語版の聖書をとおしてキリスト教が布教されたのと、16～17世紀に起こったルネサンス（文芸復興）があったからです。

ルネサンスが起こると、イギリスでもギリシア・ラテンの古典研究が盛んになり、1万語ものラテン語が英語の語彙（ごい）に入ったといわれています。しかし、その半分はこんにちの英語には伝わることなく廃(すた)れてしまいました。

ギリシア語も英語に入ってきましたが、多くは biology（生物学）、mathematics（数学）、theory（理論）といった学術に関するものばかりです。

というわけで、アングロサクソンの言語に、北欧語（古ノルド語）、フランス語（ノルマン・フレンチ）、ラテン語などがミックスされて、現代英語の原型がつくられたのです。

英語には同じ意味をあらわす語（これを「類義語(るいぎご)」といいます）がたくさん存在しますが、それは本来の英語に、フランス語やラテン語が加わったからです。

一例を出すと、本来の英語 ask（尋ねる）には、inquire（フランス語）や interrogate（ラテン語）といった類義語があります。

そして 16 世紀後半、イギリスはスペインの「無敵艦隊」を破ると、世界へと覇権(はけん)を広げていきます。結果、イギリスは世界各地に植民地をつくり、英語を広く浸透させていくことになります。

3

## 英語と「軍事力」

英語が世界に広がった理由は何ですか。

ずばり、軍事力（武力）です。

初めは15万人ほどの話者しかいなかったのに、いまや15億人を超える人たちが理解する言語になりました。その理由は、英語を母語とする国の「軍事的優位性」にあります。

1848年、ロンドンで発行された学術雑誌に、英語は「文法が簡単で、語形変化が少なく、文法上の性の区別が存在せず、語尾と助動詞が単純かつ精密なうえに、その表現が明瞭として生気にあふれ豊かであるので、われらが母語は文明世界で広く用いられ、やがて世界語になるであろう」という一文が掲載されました。

以後、この論文を根拠にして、英語が覚えやすい言語だから世界に広まったという説を唱える人が次々とあらわれましたが、これは歴史を知らない人の誤った認識です。「覚えやすい言語だから」という理由で、世界に伝播(でんぱ)した言語はひとつとしてありません。

ある言語が勢力を増すのは、ひとつの要因によります。

それは、その言語を支える国の「軍事力」です。ローマ人（ラテン語）は陸軍を、イギリス人（英語）は海軍を、アメリカ（英語）は陸海空軍をもって、世界の言語地図を塗り替えました。

言語を支配する者は、その土地を支配する者です。英国の言語学者、デイヴィッド・クリスタルは「ある言語が国際語になるのは、もっぱらひとつの要因による。その言語を話す人々の持つ力、とくに軍事力がそれだ」（『地球語としての英語』）と述べ、言語そのものが持つ美的、あるいは構造上の特質とはまったく関係がないということを明らかにしました。

軍事大国の国旗が立てられると、言語と通商がそれに続きます。歴史を見ると、それがわかります。北米のネイティブ・アメリカン（先住民）の言葉、カリブ海の言葉、太平洋の島々の言葉は、武力を前にして、いずれも降伏するか、戦場を去っていったのです。

ニュージーランド、シンガポール、インド、香港、フィリピン、ケニア、南アフリカなどでも、武力によって植民地化されると、土地の言語は衰退の一途をたどりました。

イギリス人がオーストラリアへ本格的に移住を始めたのは18世紀後半ですが、そもそもの始まりは武力をちらつかせて、16万人の受刑者をここに移り住まわせたことによります。現地人のアボリジニはそれによって駆逐されました。

南米の言語地図はスペイン語とポルトガル語に塗り替えられましたが、そうなった経緯はスペイン人とポルトガル人の武力によって制圧されたからです。

英語の普及は、剣と軍艦と戦闘機によってもたらされ、19 世紀の産業革命、20 世紀の技術革新、21 世紀の IT 革命によって、より加速化しました。

1995 年、イギリスのチャールズ皇太子は「英語が、すなわちイギリス英語（イングリッシュ・イングリッシュ）が、次の世紀に至っても世界語としての地位を保てるようにすべきです」とぶちあげましたが、そのためにイギリスはどんなことをたくらんでいるのでしょうか。もうやめてくれよ、と言いたいのは私ひとりではないことを願っています。

4

## 「英語人口」は今後も膨張するか

現在、英語を話す人はいったい世界にどれぐらいいるのですか。

世界人口はどれぐらいかわかりますか。

78億7500万人（2021年現在）です。

1900年は、16億5000万人でした。わずか100年のうちに、世界人口は5倍近くにも膨れあがったのです。

では、英語人口（英語を母語、公用語、外国語として使用している人）はどうでしょうか。

1900年には1億2000万人だったと推定されていますが、現在、英語人口はおよそ15億人だといわれています。ほんの100年のうちに、なんと13倍近くにもなったのです。また、英語を公用語、外国語として話す人の数は、英語を母語している人よりもはるかに多いのです。

人類の歴史が始まって以来、多くの言語が生まれ、また姿を消しました。北米では約300あった先住民（インディアン）の言語の大半が消滅したといわれていますし、中南米でもスペイン語とポルトガル語の浸透によって多くの言語が姿を消しました。
　オーストラリアでは、ヨーロッパ人が入植して以来、わずか200年余りのあいだに150以上の先住民言語が消滅しました。
　現在、世界には6000ほどの言語があるといわれており、その半数近くが消滅の危機にあるそうです。
　ある言語を使用する人がいなくなることがその言語の消滅を意味するとしたら、言語における隆盛とはその言語を使用する人たちの増加をいいます。その意味において、英語は現在、隆盛をきわめているといっても過言ではありません。
　国連（国際連合）、NATO（北大西洋条約機構）、世界銀行（THE WORLD BANK）、IMF（国際通貨基金）では英語が主役であり、英語を母語としない国々の集まりであるOPEC（石油輸出国機構）やASEAN（東南アジア諸国連合）などの会議もいまはすべて英語です。
　航空や海洋上の交信も英語でおこなわれています。日本国内でも、パイロットと管制官とのあいだで交わされる言語は、母語の日本語ではなく英語でおこなわれるのが原則となっています。
　学者たちが論文発表をする際も、英語で書くのが一般的です。自然科学の分野ではもちろんのこと、人文科学の分野でも英語が主流になっています。言語学の分野でさえ、世界で発表される論文の9割近くが英語だとする報告もあります。
　英語はもはや「日の沈まぬ言語」（the language on which the sun does not set）になったという英語学者（イギリス人のランドルフ・クワーク）がいるほどです。
　しかし、有為転変、盛者必衰といった理があるように、“英語帝国”にも徐々に翳り（かげ）が見えてきたようです。次で、そのことについてお話ししましょう。

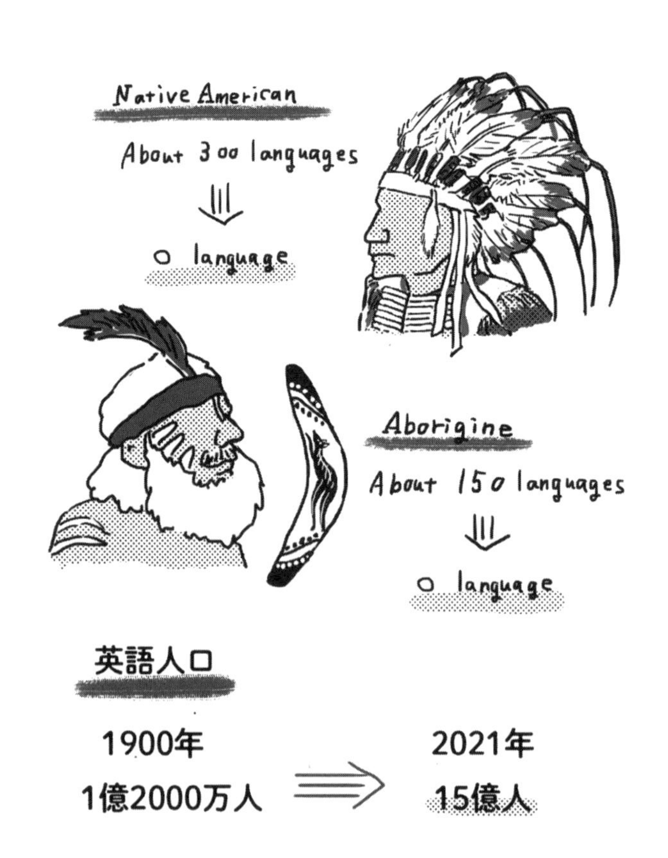

## 5

## 「英語以外の外国語教育」を

日本は英語偏重ですが、ほかの外国語も勉強したほうがいいと思うのですが。

いま日本は世をあげて英語を学ぼうとしていますが、はたしてこれは正しい選択なのでしょうか。英語の時代は終わりつつあるのではないか。

まずは、各言語の母語人口を見ていただきましょう。

| | |
|---|---|
| 第1位 | 中国語（13億7000万人） |
| 第2位 | 英　語（5億3000万人） |
| 第3位 | ヒンディ語（4億2000万人） |
| 第4位 | スペイン語（4億2000万人） |
| 第5位 | アラビア語（2億3000万人） |

ちなみに9位は日本語（1億2700万人）、10位はフランス語（1億2300万人）です。

ごらんのとおり、母語話者の数において、中国語が他の言語を圧倒しています。加えて中国は、軍事的にも経済的にも台頭してきています。
　現在、中国は、アメリカ、ロシアに次ぐ世界3位の軍事強国であり、アメリカに次いで世界2位の経済大国です。
　こうしたなかで、「国際共通語」といわれる英語の地位は未来永劫、続いていくのでしょうか。
　アメリカの独立調査機関（ピュー・リサーチ・センター）が世界中の人々に、「中国は世界覇権国としてアメリカをすでに抜いている。またはいずれ抜くと思うか」とたずねました。
　すると、たいへん興味深い結果が出たのです。OECD加盟国（先進国）だけの結果を見ると、なんと「はい」のほうが多いのです。ところが日本は、隣国である中国に強くなってほしくないという願望もあってか、「はい」が26パーセントしかいない。当のアメリカ（46パーセント）よりずっと低いのです。
　このことは何を意味しているのでしょうか。日本では、アメリカ人以上に、アメリカが世界の覇権を維持し続けると思っているということが明らかになったのです。つまり、日本人は世界の人たちとはまったく逆のほうを見ているということが露呈したわけです。
　言語学者の永井忠孝さん（青山学院大学准教授）は『英語の害毒』という本のなかで、英語が「国際共通語」としての地位を失っていき、スペイン語や中国語といった他言語が台頭してくる可能性を示唆しています。
　イギリスのシンクタンク（CEBR）もまた、「中国は2028年までに、アメリカを抜いて世界最大の経済大国になる」との衝撃的な報告を発表（2020年)、「中国の時代」がやってくることを予測しています。

知ってのとおり、日本は第二次世界大戦で敗戦国になりました。戦争を遂行した陸軍は、陸軍大国の言語であるドイツ語を重視し、ナチス・ドイツの内実を検証もせずに過大評価したのです（陸軍大学校の卒業生の多くはドイツを留学先に選びました)。

いっぽう、「敵国の言語を使用するのはけしからん」ということで英米の言語、すなわち英語は軽んじられ、「敵性語排除運動」の対象としました。結局、日本は敗け、こんどは英語狂騒曲を奏（かな）で始めました。

日本が将来、不幸な目にあわないためには、柔軟な世界認識と明確な言語戦略を持たなくてなりません。それが歴史の教訓です。

しかし現状はというと、残念ながらそうはなっていません。言語社会学者の山川智子さん（文教大学教授）は次のように警告しています。

「日本の中等教育における英語偏重は世界でも珍しく、多くの国では中等教育段階で多様な言語の教育が行なわれています」

英語だけの外国語教育はひじょうに危なっかしい。各国の人口動態や国力（とくに軍事力と経済力）を考慮に入れて、中長期的な言語戦略を立てるならば、日本は当然、中国語、アラビア語、ヒンディ語、スペイン語などにも力を入れなくてはなりません。

以上の理由で、あなたの意見に賛成します。

6

## 「共通言語」は平等？

英語はもはや「国際共通語」です。経済面では効率がよく、世界の人たちにとっての「平等言語」になったと思いませんか。

まったく思いません。かりに「国際共通語」が英語だとすると、英語を母語にしている人には有利ですし、英語を外国語として学んでいる人には不利です。その意味において、「平等」と呼ぶことはできません。

EU（欧州連合）というのを知っていますね。ヨーロッパの経済を安定させるために設立されました。名目上は「経済の安定的継続」を掲げていますが、「戦争回避」がいちばんの目的です。戦争がなければ、経済活動に専念できますからね。

たくさんの国が集まるヨーロッパでは、争いやいさかいがくりかえされてきました。とくにフランスとドイツでは、石炭と鉄鉱石をめぐって長いこと対立が続いていました。20 世紀に入ると、ヨーロッパは二度の世界大戦の戦場となり、その結果、経済は大きな痛手をこうむりました。

また、アメリカや旧ソビエト連邦（ロシア）が世界の政治や経済に多大なる影響を行使するようになると、ヨーロッパの国々は「もう戦争はゴメンだ。あいつら（二つの大国）に対抗するため、互いに協力していこう」という気運が高まり、手を組むことになりました。

さて、ここで質問です。

EU（加盟国は 27 カ国）の公用語はいくつあるでしょうか。大学生たちに聞いてみると、四つから五つ（英語、ドイツ語、フランス語、スペイン語、イタリア語）という答えがいちばん多かった。正解は 24 です（EU の公式ウェブサイト https://europa.eu/european-union/index_en）。

なぜ、こんなにも多いのでしょう。

加盟国の共通語あるいは公用語をすべて「EU の公用語」として採用しているからです。法令もすべてそれらの公用語に翻訳されることになっています。

「国際語共通語」を採用しようという考えは創設当初からなく、加盟国の言語を平等に扱うことを目指してシステムづくりがおこなわれました。

効率性を考えれば、当然、共通言語があったほうがいい。しかし、EU は共通語を放棄し、いちいち「翻訳する」という非効率なシステムをつくりあげたのです。

どうしてでしょうか。かりに、英語とドイツ語とフランス語を共通語とした場合、それらの言語を母語としない加盟国に「不平等」を押しつけることになるからです。そして、その「不平等」が憎しみの火種になることを過去から学んでいたのです。

地続きのヨーロッパでは、たくさんの民族がひしめき合って暮らしています。異なる言語を持つ民族がいがみ合い、憎しみ合い、殺し合ってきたという歴史があります。互いが隣国に対して強い不信感を持っている。でも、国ごと引っ越すわけにはいかない。何かいい知恵はないものか。

どんなに非効率なシステムであっても、殺し合いをするよりましである。これこそヨーロッパが歴史から得た教訓なのです。だから、EU は共通語を捨て、あえて面倒くさい翻訳という作業を選択したのです。

互いの文化や言語を尊重すべきだと口でいうのはたやすいことですが、それをちゃんとルール（条約や法令など）として採用しなければ信頼への一歩さえ踏みだせないということをヨーロッパ人は身にしみて知っているのです。

グローバルな経済競争においては、なんでもかんでも英語が優先されるのだと主張する人がいます。しかし、「国際共通語」という言語効率を追い求めることが不平等をもたらし、それが憎しみの温床になる危険性すらあるのです。

世界は英語だけで動いていないし、アメリカがすべてでもありません。効率さえも優先しないという知恵をわたしたちは知っておくべきです。

「平等」を優先させて、言語の非効率を選択した EU はその後、アメリカの GDP（国内総生産）と肩を並べるほどになりました。

7

## 英語は「選択肢のひとつ」にすぎない

僕は将来、ラーメン屋になろうと思っています。そんな僕がどうして英語を学ばなくてはならないのですか。英語にもまったく興味が持てません。

近年、「世界語としての英語」（English as a world language）ということがしきりに叫ばれています。なるほど、ビジネスやテクノロジーをはじめとするさまざまな分野の最先端では共通語になりつつあるのは間違いないところですし、ノンネイティブの英語使用者の数は、ネイティブをはるかに上回っています。

現在、英語を解する人が世界には 15 億人ほどいるそうです。このような数字を出すと、「へえ、英語を話す人ってたくさんいるんだな」と思われるかもしれませんが、もっと驚いてほしいのは、世界には英語を解さない人たちが 63 億人もいるということです（世界人口は 78 億 7500 万人）。

日本人はこの事実をしっかりと認識すべきです。

いまの日本では国民のすべてが英語を学ぶしくみになっていますが、国をあげて英語というひとつの外国語になだれ込むのはたいへん危険ですし、国益の面から考えても、それは間違っています。

いったいスペイン語のできる人が日本に何人ぐらいいるのでしょうか。ドイツ語はどうか。あるいはポルトガル語やイタリア語はどうか。

日本の安全保障や利害にかかわる近隣諸国の言語、朝鮮語、中国語、ロシア語はどうでしょうか。こうした国々のことを徹底的に研究し、いかなる動きにも適切に対処できる人材を養成するための語学体制はあまりにも貧弱です。

ある言語学者によると、世界人口の2割を占めるイスラム圏の言語、アラビア語、ペルシャ語、マレー・インドネシア語を自由自在に操れる日本人はほとんどいないそうです。

わが国は現在、世界のなかでどのような位置に立っているのか。そして、日本と諸外国との関係はどう変わっていくのが望ましいのか。そういった次元で語学教育といったものを考えなくてなりません。

理想をいえば、外国語は選択制とすべきです。やってもやらなくてもどちらでもいい。そうすれば、英語から解放された生徒はほかのものへ集中できますし、外国語を選択した者たちはレベルの高い授業を受けることができます。

数学者の藤原正彦さん（お茶の水女子大学名誉教授）は、「英語に関しては、国民の5割が学習し、20パーセントがどうにか使え、5パーセントくらいのエリートが流暢（りゅうちょう）に操れる、英語を学ばない5割は中国語やハングルなどのアジア言語を学ぶか外国語を一切学ばない、くらいでちょうどよいのではないか。使いものになるはずもない英語学習に全国民を追い込むのは、壮大な国家エネルギーの浪費であろう」（『祖国とは国語』）と述べて、外国語を学ばなくてもよいという教育システムをつくりあげることを提案しています。

また、現在のように、目的や意欲や能力がバラバラの生徒をひとつのクラスに収めるのはどのレベルの学生にとっても不幸なことですし、そもそも全国民が青春の6年間を英語に捧げるのは国家的損失です（現在、中高生は全勉強時間の3分の1を英語に割いているともいわれています）。

現行の教育システムでは、あなたは英語を学ばざるをえません。しかもあなたは英語にまったく興味が持てないときている。でも、高校は卒業したい。だったら、テキトーにやるしかありません。

英語にまったく興味を持てない人を救済できる教育システムは、残念ながらいまのところは構築されていません。あなたのような人が現代日本にはたくさんいますが、現状ではどうしようもありません。

外国語はやりたい人だけがやればいい。やりたくなければやらないでよろしい。英語一辺倒もやめにして、外国語は選択制とする――そのような教育システムを日本はつくりあげなくてはならないと私は考えています。

## どんな人が「伸びる」の？

英語がうまくなる人とならない人がいます。どのような人が上達するのですか。

日本人のうちで、いったいどれくらいの人が英語を必要としているのでしょうか。

成毛眞さん（実業家・元マイクロソフト日本法人代表取締役社長）の著書『日本人の９割に英語はいらない』によれば、「たったの１割しかいない」そうです。つまり、10パーセントしか必要としていない。

では、日本人のうちで、じっさいどれくらいの人が英語を使っているのでしょうか。

寺沢拓敬さん（関西学院大准教授）の『「日本人と英語」の社会学』によれば、英語をよく使う日本人は、10パーセントどころか、どの年代でも全体のわずか２～３パーセントにすぎないと報告しています。

いずれにしても、こんなに少数なのです。私の親類縁者を見渡しても、英語をよく使っている人は２パーセント（だいたい

100 人のうちの 2 人）しかいません。あとは英語とは無縁の生活をしています。

日本人は英語を勉強しなければいけないという強迫観念にとらわれていますが、はっきりいって、「読む・書く・話す・聞く」の 4 技能における高い英語力が求められる日本人は全体の 2 ～ 3 パーセントなのです。

その 2 ～ 3 パーセントとは、各国との外交折衝にあたる政府役人、仕事において高いレベルの交渉術が求められるビジネスパーソン、英語の先生、通訳者や翻訳家などの英語エキスパートたちです。

残りの 97 ～ 98 パーセントは、そのレベルを目指す必要はないし、そうなるようにと尻をたたく教育者や専門家のいうことなどに耳を貸すこともないのです。

みなさんの多くはいま、受験や単位取得のために英語を勉強しているのでしょうが、学生という身分が終われば 9 割の人は英語を必要としなくなる可能性が高いのです。

英語にかぎらず外国語を身につけるには、特別な才能はいりません。しかし、上達する人としない人がいます。

この差はいったいどこで生じるのでしょうか。

多くの場合、それは「必要性の度合い」に求めることができます。

「必要性」といっても、年に２回の海外旅行で用が足せる程度の英語を身につけたいのなら、ハイキング気分で半年ほど勉強すれば自分の意思をおおよそ伝えられるようになるでしょう。

しかし、「英語でビジネス上の交渉をする」という目標を掲げた場合は、険しい冬山を踏破するんだという意気込みが必要です。「話す」「聞く」「読む」「書く」などの技能をしっかり身につけなければなりません。おそらく毎日２時間、３年から５年はやらないと目標へは到達できないでしょう。

おわかりいただけたでしょうか。ひとくちに「必要性」といっても、これほど学習内容は異なるのです。

私はこれまで数多くの英語学習者に出会いましたが、英語遭難者もたくさん見てきました。私の見るところ、“無目的学習”の人は挫折してしまう可能性がひじょうに高い。なかでも、「英会話が趣味」という人はなかなか伸びません。それは必要性につき動かされているわけでも、明確な目標があるわけでもないからです。そういう人に途中でやめてしまった理由をたずねると、「もう厭（あ）きちゃった」とあっけらかんと言ったりします。

どんな必要性があって自分は英語を学ぶのか。そのことをいま一度、よく考えてみてください。

9

## 英語を「公用語」にしたらどうかという提案

いっそ英語を日本の公用語にしてしまったらどうでしょう。そうすれば日本人は英語で苦しまずにすむと思います。

2000年に入ったころ、「長期的には英語を（日本の）第二公用語にすることも視野に入ってくる」という構想が、小渕恵三首相の私的懇談会の報告書「21世紀日本の構想」のなかで述べられました。「これは単なる外国語教育問題ではない。日本の戦略問題としてとらえるべき問題である」ともつけ加えています。

正直に告白すると、この報告書が出たとき、まず私の口をついて出た言葉は「狂っている」というものでした。

公用語というのは、そもそもその国に言語衝突があり、公用語にしないと事態の収拾がつかないという理由で、「やむにやまれず」認定するものなのです。それを政府の諮問（しもん）機関（専門的立場から意見を述べる合議制の機関）がみずから音頭をとって制定しようというのですから尋常（じんじょう）ではありません。どうしてみずからすすんで「自己植民地化」じみたまねをするのか。これこそ国辱的なふるまいではあるまいか。

百歩譲って「第二公用語」を制定するとしたら、日本人口に占める割合や歴史的経緯を考えれば、それは間違いなく朝鮮語になるはずです。

また、報告書では「戦略」なる言葉を使っていますが、国をあげて英語にシフトするのはたいへんな愚挙です。

ラテン語は「主要言語」としての地位を英語に明け渡しましたが、あのローマ帝国を築いた誰が、いつの日かラテン語がこの地上から消え去る運命にあるなどと予見したでしょうか（バチカン市国では現在もラテン語を公用語としていますが、それはこの国が世界のカトリック教会の中央政庁のある場所で、教会の公用語にラテン語を入れているというだけです）。

あるいは、もしヒトラーが第二次世界大戦に勝利していたら、おそらくわたしたちは世界の媒介言語としてドイツ語を用いていたかも……と想像してみるのもよいかもしれません。

ですから今後、そうした政治的、経済的、軍事的大国が新たに出てくる可能性を考えた場合（たとえば中国とか）、国をあげて英語になだれ込むのはきわめて危なっかしく、それゆえ「非戦略的」だといわざるをえません。

そこへもってきて、こんどは2014年、安倍晋三総理のもと、内閣官房管轄下のクールジャパンムーブメント推進会議が「公用語を英語とする英語特区を日本につくる」という提言を発表、「公共の場での会話は英語のみにする」というとんでもない提案をしたのです。

近所の八百屋や美容院で働く人が英語で客の注文に応じる光

景をあなたは想像できますか。歯医者で症状を英語で説明している自分を思い描くことができますか。思わずムンクの「叫び」状態になってしまいました。

英語を公用語にするとは「生活語」の一部にするということです。「英語を学ぶ」のと、「英語で生活をする」のは大違いです。「生活語」になれば、決して大げさにいうわけではありませんが、英語という言語に価値観から人格まで支配されるのです。

言語はひとつの世界観、つまり価値体系であるということを忘れてはいけません。英語を「生活語」にするとは、英語の思考の枠組みに入って生活をするということです。英語を「生活語」にしている国は、もはや日本とはいえません。

10

## 英語と「経済」の関係

英語を話せる人が増えないと日本経済は低迷するそうですが、それはほんとうですか。

「国をあげて英語を学ぼう」と叫んでいる人たちの主張はおおむね次のようなものです。

「国際社会への対応の成否に、日本の栄枯はかかっている。英語力に欠けることは、すなわち国力および経済力の衰退につながる。ときあたかも、グローバリゼーションとITの時代である。世界規模での対話が、国家のみならず、企業、個人などによってなされる時代がやってきた。英語ができなければビジネスチャンスさえもない」……ウンヌン。

英語ができないために、日本人はせっかく手にした経済大国の地位を失い始めているとの声もよく耳にします。とくに財界の人たちは「日本経済の不振と英語」を熱心に結びつけようとします。なかには、英語を「社内公用語」にしている会社経営者もいます。正気でしょうか。

そもそも日本を「経済大国」に押し上げてくれた昭和世代の

日本人は、いまの日本人より英語ができたのでしょうか。いいえ、いまの人たちのほうがはるかに上手です。

駐日大使をつとめたエドウィン・ライシャワーは、昭和世代の英語をふりかえって、「ここ二十年ほどの間に、私は何十人もの日本の閣僚と知り合ったが、そのうちで、知的に真剣な会話をかわすことのできるのは、せいぜい三名しか思いつかない。西洋史を含む歴史の教授も、ここ四十年間に何百人となく知り合ったが、同じことのできる人の数は、閣僚の場合をそれほど上まわらない」(『ザ・ジャパニーズ』)と語っています。財界人だけでなく、政治家や学者も英語ができなかったのです。

にもかかわらず、昭和世代は海外に進出、圧倒的な貿易黒字を生み出しました。英語力の欠如が日本経済不振の原因というのはとんでもない話です。

現在の日本経済の苦境は、多くの場合、環境や差別に配慮を欠いたビジネスマインドの問題であり、英語の問題ではないのです。

楽天やファーストリテイリング(ユニクロ)といった会社が英語を「社内公用語」としていますが、まったくバカげた話です。友人のひとり(某商社の重役で英語も上手)は「大切なのはビジネスマインド。話せないより話せたほうがいいに決まっているが、全社員に英語を強要するのはまったくおかしい。日本人しかいない会議で英語を話すだなんて滑稽というほかない。母語以上に議論が深まるわけがないじゃないか。そういった企業は応援する気もないね」と鼻で笑っておりました。同感。

私がみなさんのような若者だったら、そうした会社に就職しようとしないし、勤めている会社が英語を強要し始めたら、見切りをつけてさっさと逃げだしますね。

かりに私が英語圏との取引をつねにやる会社の経営者だったら、とびきり優秀な通訳をつけて、社員にはビジネスに没頭していただきます。それのほうが英語が課すストレスを軽減できるし、経費の面でもだいぶ安上がりです（まともな企業はたいてい「通訳・翻訳室」を持っていて、優秀な通訳者や翻訳者をかかえています）。

大谷翔平さんをはじめとする大リーグで活躍している選手たちが通訳をつけてベースボールというビジネスに集中していることも大いに参考になるでしょう。彼らは、英語がヘタでも仕事で活躍できればそれでいいと思っているのです。

そこで、英語のできない経営者たちに聞いてみたいことがあります。あなたは英語ができなくても会社の重役にまでのぼりつめたのです。ならば、なぜ英語よりも経営戦略のほうが重要だと説かないのですか。

もうひとつ。「英語が話せないと、経済は低迷する」という人たちにも質問があります。みんなが英語をしゃべっているアメリカやイギリスでは、経済は低迷しないのでしょうか。国民のほぼ全員が英語を理解する国では、経済恐慌や不況はこれまで一度もなかったのでしょうか。そんなことはちょっと英米の経済史を眺めてみれば、おのずと答えは明らかになるはずです。

11

## 日本人は「英語ができない」!?

「日本人は英語がヘタだ」とアメリカ人の先生が言っています。なぜ日本人は英語がヘタなのでしょうか。

じっさい私も「ニッポン人の大学生は英語がヘタですねえ」と言うアメリカ人に出会ったことがあります。

そして、残念なことに、「小学校のうちから英語を学び始め、中学と高校で6年間、大学へ行った人なら少なくとも10年数年間も英語を学ぶのに、カタコトの英語すらしゃべれない」と決めつけられているうち、当の日本人すら英語を学ぶことに苦手意識を持ってしまったようです。

日本人は、ほんとうに英語がヘタなのでしょうか。

そこでよく引き合いに出されるのがTOEFL（トーフル）の国際比較ですが、英語と親戚筋にあたる同系同類のヨーロッパ言語を使っている人が高得点であるのはあたりまえとして、シンガポール、インド、マレーシア、香港、フィリピンが日本人よりも高得点を取っているのは、これらの国々が英米の植民地であったからです。

さらにいうと、国によっては受験資格をあらかじめ決めるなどして受験者数を絞っていますが、日本はまったく自由で、小学生から後期高齢者のお年寄りまで受けています。まさに「猫も杓子も」状態です。だから、たんに数字だけを比較してもほとんど意味がありません。

百歩ゆずって「日本人は英語がヘタだ」としましょう。

では、どうしてヘタなのでしょうか。

それはうまくなる必要がなかったからです。一般の日本人が国内の生活において、英語が話せなくて困るようなことはいっさいありません。私の周囲を眺めてみても、英語が話せないばかりに辛酸を舐めているという苦労話をついぞ聞いたことがありません。

しかし、かつて英米の植民地だったところではそうはいきません。英語ができなければ社会的成功は望めないという深刻な問題をかかえています。独立後も英語を使わなければ、政治、経済、教育、場合によっては日常生活をも円滑におこなえないという現状さえあります。母語よりも英語を優先しないと生き残れない国がはたして幸福といえるでしょうか。

英語ができなくても生活ができるということが「日本人は英語がヘタ」と言われる大きな要因のひとつです。そう考えれば、日本語だけでやっていける国をつくりあげてくれた先人たちに、おのずと感謝の気持ちがわきあがってきます。

ひるがえって、英米人はどうでしょうか。彼らは外国語ができるのでしょうか。

遠慮せずにいいますが、英米人ほど外国語がヘタな人たちを私は知りません。

じっさい、アメリカ人の10人に8人は英語しか話せないといわれています。そもそも英語国民は、外国語を学ぶ動機や必要はほとんどないので、外国語を真剣に勉強しようなどとはハナから思っていないのです（アメリカ人大学生の94パーセントは外国語を学んでいないというデータもあります）。

アメリカ人は世界の中心はアメリカだと考えていますし（アメリカでパスポートを持っている人は国民のわずか40パーセント程度です）、どこへ行っても英語がつうじると思っています。

知り合いのドイツ人が不満げに言っていたことですが、「ドイツへ旅行にやってきて1週間もたつのに、“ダンケ”（ありがとう）も覚えずに帰るのは、おそらく世界でアメリカ人だけ」だそうです。アメリカ人こそ「国際化」しなければならない人たちなのです。

以上のような理由から、「日本人は英語がヘタだ」と決めつけるのはおかしいし、英語がしゃべれなくてもコンプレックスを持ついわれなどないのです。ましてやアメリカ人から「日本人は英語がヘタですねえ」などと揶揄（やゆ）される筋合いもないのです。

12

## 「憧れの英語」を考える

私は英語が大好きです。将来は英語を使える職業につきたいと思っています。アドバイスをお願いします。

10代のころ、私も英語が大好きでした。私を英語へと駆り立てたのは、ビートルズ（イギリスのロック・グループ）とサイモン＆ガーファンクル（アメリカのフォーク・デュオ）などでした。レコードを買ってきては、歌詞を覚えたり、発音を真似たりしました。おかげで、英語はもっとも得意な科目となりました。彼らをつうじてファッションにも興味を持ち、やがて私は熱心な“欧米ファン”となったのです。

20代になって、子母澤寛（しもざわかん）、司馬遼太郎、池波正太郎、藤沢周平といった作家の時代小説に夢中になると、いっきに“日本回帰”することになります。自分が日本人であることを強く意識するようになり、同時にイギリスやアメリカの文化帝国主義に反発を感じるようになりました。

どうして日本人は英語に強い憧れの気持ちをいだくようになったのか。それを探ってみようという気持ちが芽ばえてきたのは30

代になってからです。

日本人の場合、とにかく外国語というものに対して、アイドルを眺めるように憧れの気持ちをいだいている人がやたらに多いのです。いまも私のまわりには、外国語を自由にしゃべれたらどんなに素晴らしいかと思っている人がたくさんいます。

鈴木孝夫さん（言語学者）はこう述べています。

「私の知る限り、日本以外の国では、何か特別な目的をもっている人は別として、ただ漠然と外国語ができたらいいなあとか、自分のまわりに外国語の話せる人がいると、ただそれだけの理由で、その人が羨(うらや)ましいとか、まして偉いなどと考えることはまずありません」

日本以外の国においては、職業上の特殊な理由もないのに外国語を学びたいと考えるのはいくぶん異常なことであるし、庶民が日常的に外国語を使っているという状態は、その国が「弱者」の立場におかれていることを意味します。

歴史上たびたび異民族の侵略を受け、外国に国土を占領されたり、植民地化された民族や国民は、ほぼ例外なく言語上の圧迫を経験しています。なかには自分たちに固有の言語であったものが消滅してしまったものさえあります。つまり、多くの国では、外国語は避けてとおりたいもの、警戒すべきものなのです。

では、どうして日本だけが外国語に強い憧れの気持ちを持つようになったのでしょうか。

それは日本という国が、植民地になることもなく、外国語を学ぶことで恩恵をこうむったからです。そもそも国内に日本語と衝突する強力な異言語がなく、それゆえ外国語に排斥的な感情を持つこともありませんでした。言語的被害者の立場になったことが歴史をつうじて一度もなかったのです。

わが国には、古くは隋や唐、ついで西洋、現在ではアメリカの言語をみずからすすんで学び、文化や文明を輸入し、移植して国の繁栄に役立ててきたという歴史があります。

外国語を学ぶことは立身出世を約束し、同時に国内に経済的利益をもたらす“魔法の杖”だったのです。というわけで、日本人は外国語を学ぶことになんら警戒心を持つことがありませんでした。

外国語を学ぶことの落し穴は、気づかぬうちに「自己植民地化」してしまうということです。「自己植民地化」とはみずからすすんで支配者に服従し、支配者のメンタリティ（精神構造）でふるまおうとする態度のことです。

“欧米かぶれ”とか“英語信仰”といった言葉が示すように、いつのまにか英語国民を上位において、主従関係をみずからのうちに宿してしまうのです。あなたの夢に水をさすつもりはありませんが、こうした陥穽（落し穴）があるのだということもぜひ知っていただきたいと思います。

## 「胆」を抜かれるな！

英語の先生はどなたも「西洋かぶれ」に見えます。それがどうも鼻につくのですが。

英文学者の反骨漢・中野好夫は、「英語を学ぶ人々のために」と題したエッセイで、英語を学ぶことの危うさについて言及しています（1948年発表：川澄哲夫編・鈴木孝夫監修『資料日本英学史』第二巻所収）。引用をまじえて要約してみます。

「語学が少しできると、なにかそれだけ他人より偉いと思うような錯覚がある。くだらない知的虚栄心である。実際は語学ができるほどだんだん馬鹿になる人間の方がむしろ多いくらいである」。新渡戸稲造や内村鑑三といった人たちには、それまでの日本人に見られなかった「サムシング」があった。そして、「それが新しい日本の指導に大きな力をなした」。ところが、その後の英文学者や英語の先生たちはどうか。「一人の例外もなしに、意気地なしであり、腰抜けであり、腑（ふ）抜け」である。そこでこれから英語をやろうという人に望みたい。広い視野を持った、「人間に芯」があるような人物になってほしい。語学学習は「どうしたものかよくよく人間の胆（きも）を抜いてしまう」ような「妙な魔力がある」から「よくよく警戒してもらいたい」。

「胆」というのは、人間の芯のこと、すなわちアイデンティティのことでしょう。

あなたのまわりにいる英語学習者を眺めてみましょう。

ネイティブ英語を崇拝するあまり、英米人の発音や発想に気をとられ、話の中身を聞かず、上っ面だけを聞いているような人がいます。英語を使っているようで、じつは英語に使われてしまっている。そんな英語の下僕（げぼく）になっているような学習者を見かけることもあります。

英米人的な論理や態度をすべて無批判に称揚し、同胞の英語力のなさをあげつらう姿は、二流の英米人になろうとしているようでおぞましく、またひどく見苦しいものです。

明治の文豪・夏目漱石は、「私の個人主義」という講演のなかで、西洋という権威に迎合（げいごう）してしまう「他人本位」（西洋かぶれ）の生き方に警鐘をならし、独立自尊の気概（きがい）を持った「自己本位」の生き方を提唱しましたが、この「自己本位」の思想こそ、わたしたちが英語に向かい合うときに忘れてはならない心がまえです。

そのいっぽうで、「この人は英語を使いこなしているな」という人にたまに出会うことがあります。そうした人の英語は、かならずしも流暢といえるものではありません。会話が巧みというのでもない。むしろ、どちらかといえば、たどたどしさ、ぎこちなさのほうが目立つ。しかし、じつに「芯のある英語」との印象を受ける。発音のヘタぶりが気になるのも最初のうちだけ、あとはだんだん引き込まれてしまう。なぜでしょう。
「内容」を持っているからです。それで、英語が屹立(きつりつ)して見える。
わたしたちが目指す英語はここにあります。「内容のある英語」を端正にしゃべることを目標に掲げれば、英語を学ぶことによって感じる屈辱感から逃れられます。
これからの日本人に求められるのは、ネイティブのような発音で流暢にしゃべることではなく、話の中身、つまり「内容」のある英語をちゃんとしゃべれるかどうかです。
英語は何かを表現するための手段です。英語を習得すること自体が目的となってしまったら、「胆」をなくした薄っぺらな人間になるだけだということを忘れないでください。
あなたが自信を持って話すことのできるものは何でしょうか。それはおそらく「自分のこと」と「日本のこと」でしょう。
真の国際人とは、日本人としてのアイデンティティをしっかりと持っている人です。日本人としての自分を中心に据えて、日本の歴史や文化や社会を、自分の意見をまじえて語ることができる人こそが英語の使い手として敬意を払われるのです。

## 「親米派」をつくるという文化戦略

どうして日本には「アメリカ好き」が多いのでしょうか。

ある国に対して強い支配権を持つ国のことを宗主国（そうしゅこく）といいます。覇権を維持しようとする場合、宗主国の指導者たちは統治戦略として自分たちの言語を押しつけてきます。

イギリスの首相ウィンストン・チャーチルは「ベイシック・イングリッシュ（簡易英語）を普及させることは、イギリスにとって広大な領土を併合するよりもはるかに永続的で実り多い利益になる」と述べています。

英語という支配者の言語を被支配者が使ってくれたら、その関係はより緊密でかつ永続的なものになります。イギリスには、世界中に英語を普及させることを目指す〔ブリティッシュ・カウンシル〕という機関があり、資金提供も含め、国からの後押しを受けています。ブリティッシュ・カウンシルの総裁（リチャード・フランシス）は「イギリスの真の財産は、北海油田ではなく英語である」と言い放っています。

いっぽう、アメリカには「英語の普及」だけに特化した組織はありませんが、CIA（中央情報局）、IIP（国際情報計画局）、ロックフェラー財団、フォード財団といった機関や組織をつうじて英語や文化を広めようと努めています。

日本は「開国」から150年、ずっと西洋列強への畏怖（いふ）と白人文明への劣等感を持って生きてきました。そうした日本をアメリカやイギリスが餌食（えじき）にしないわけがありません。

主従関係を永続させるためには、強引に押さえ込むばかりではいけません。ソフトに統治するのです。それが文化戦略というものです。

戦後、アメリカがもっとも懸念したのは、日本がアメリカ陣営から離反して、共産主義国と仲よくなることでした。

そこでアメリカがとった戦略は、ハード・パワー（日米安保条約を締結して米軍を日本に駐留させること）とソフト・パワー（日本国民を親米・反共に仕立てあげること）を行使して統治するというものでした。

はたして、アメリカは英語教育や米国留学などを奨励して親米エリートをつくることに成功しました。

また、ラジオ局（アメリカ大使館ラジオ部がつくったものを放送していました）やテレビ局をつうじて、アメリカ好きになるように世論を形成しようとしました。

1953年、初の民放テレビ局である日本テレビが開局しました。さっそくCIAは、創設者・正力（しょうりき）松太郎を操ってさまざまな対日工作を開始します。

正力は「テレビ放送の父」「プロ野球の父」「原子力の父」な

ど、たくさんの“父”になっていますが、じつはCIAの対日心理戦協力者でした。PODAM（ポダム）というコードネームを持つ操り人形だったのです。

日本テレビは『パパは何でも知っている』や『ディズニーランド』などのアメリカのテレビ番組を格安の値段で買って放送、これらの番組をつうじて日本人はどんどんアメリカが好きになっていったのでした。

近年では、船橋洋一さん（元朝日新聞編集委員）です。船橋さんは、英語を日本の公用語にすることを提唱し、『あえて英語公用語論』（文春新書）という本のなかで、「日本人の多くを日本語と英語のバイリンガルにしていく必要があります」と書いた人ですが、彼もまたCIAの協力者リスト（クロウリー・ファイル）に名前がのっています（http://cryptome.org/cia-2619.htm）。

船橋さんがアメリカの意を汲んで、積極的に協力したかどうかは知りません。本人にその自覚があったのかどうかもわかりません。しかし、それと気づかれずに“協力者”に仕立てあげるのが彼らの手口です。わたしたち日本人が英語好きになったのはこうした歴史的事実もあったのです。

15

## 「論理的」な思考力

さっきから「英語を学ぶな」と言っているように聞こえます。にもかかわらず、ご自分は英語ができるだなんて……それってずるくないですか。

「英語を学ぶな」とは言っておりません。私が述べたのは、おおよそ次のようなことです。

・外国語の学習は、してもしなくてもどちらでもいい。
「する」のだったら、複数の外国語のなかから選択すべきだ。
・国民全員に英語を強制的に学ばせている現行の教育制度はおかしい。「英語一辺倒」はやめるべきだ。
・外国語は必要性のレベルに応じて学んだほうがいい。
・外国語学習は日本人としての胆（＝アイデンティティ）を抜いてしまうようなところがあるから、よくよく気をつけたほうがいい。

私自身、これまで数多くの英語学習の本を出版しています。このことに関して、ある中年のおじさん（大学講師）は次のように批判しました。

「サトナカさんは英語学習の本を出しておきながら、そのいっぽうで英語の国際化を批判している。矛盾してはいまいか。言動の不一致だ」

みなさんはどう思われますか。

これが感情的ないいがかりでしかないのは、次のように考えてみるとよくわかります。

ある力士が相撲のとり方についての本を出すいっぽうで、相撲界の現状と将来を憂いた発言をしたとしましょう。あなたはそれを「ずるい」とか「矛盾している」とか「言動の不一致だ」と咎めますか。もはや滑稽としかいいようがありません。

「英語学習に対する実用的助言」と「英語支配に対する根本的批判」はなんら矛盾するものではありません。それどころか、厳しい批判と建設的提言があるところにしか歩むべき道は拓かれないのです。あるべき外国語学習の実現のためには、議論と批判と提言は必要欠くべからざる条件です。

しかしながら、そうした「いいがかり」はあとを絶ちません。なぜでしょうか。

それは言葉を鍛えていないからです。Amazon をはじめ、インターネット上のブックレビューを見ると、プロの書評家でもないのに的確な批評を書く人がいるいっぽう、どうしたらこういう誤読ができるのかと頭をひねりたくなるような文章を書く人もいます。

文章を読めば、だいたい批評能力がわかります。誤読している人の文章は、語彙や知識の不足による理解力が欠如しているか、感情や思い込みによる偏向によって客観的妥当性を欠いています。

読解力や表現力を身につけるには思考の素（もと）になる母語を鍛えなければなりませんが、それには質の高い本を読むということがどうしても欠かせません。

「読んだあと、その内容をわかりやすく人に説明するのだ」と自分に言い聞かせ、家族や友人にそのおもしろさを伝えてみましょう。その際、その本に書かれていたアフォリズム（警句や箴言）を援用すれば、あなたの話はいきいきとし、より説得力を持つことでしょう。

この読書法を実践すれば、「要約力」や「適切な言語化」というスキルが身につきます。

人と議論するのもいいのですが、慣れていない者どうしがやると、感情的になりがちで、神経ばかりが高ぶり、思考トレーニングにはなりません。

母語を鍛えるトレーニングはまた、外国語学習の基盤にもなります。日本で生まれ育ち、留学もせずに外国語を習得した人は、間違いなく「日本語の使い手」でもあります。

## 16

## 「英語教育」は間違えていたか

「訳読」（母語に翻訳して解釈すること）中心の英語教育は間違っているのではないですか。

初代文部大臣の森有礼（1847-1889）が『*Education in Japan*』という本の序文で、英語を国語にしろ、という短気な意見を出したことを知っていますか。

森は、日本語に頼っていたのではとても西洋文明を日本のものにすることはできない、だから英語を国語として採用しよう、と提案したのです。

これにはすぐさま批判の声があがりました。自由民権運動の闘士である馬場辰猪（たつい）（1850-1888）は、そんなことをしたら、英語をしゃべる人としゃべらない人によって国は分断され、英語をしゃべらない下層階級は国事の重大問題のソトにおかれてしまう、国民は同じ言葉をしゃべらなければならない、と反論したのです（森有礼の真意は「日本語廃止」ではなく「日本語維持」であったという説もあります）。

森の“裏切り”に対する見返りは1889年の暗殺でした。以後、

「翻訳主義」が優勢となり、字引や術語集が次々と生まれ、軍事、法律、化学、医学、歴史、各国事情など、さまざまな翻訳書が出版されました。1910 年には、社会主義者・堺利彦の手でわが国初の翻訳会社、売文社が誕生しています（堺は英語の達人でした）。

近代日本の揺籃（ようらん）期（ゆりかごに入っている時期：初期段階）をふりかえってみますと、日本のとった「訳読」による外国語学習は大筋で正しかったといえます。それは、「翻訳」という文化を日本の「近代化」と切り離して考えることができないからです。

日本語の語彙はまだ少なく、西洋の学問が持つ抽象的な概念を語ることは困難でした。

しかし、驚くべき短期間のうちに、ほとんどの学問領域にわたって、高度に洗練された翻訳を成し遂げました。わたしたちがいま使っている「民主主義」「権利」「自由」「主権」などといった概念も翻訳による“新日本語”だったのです。

そのおかげで、高等教育も日本語だけでおこなえるようになりました（インドでは 19 世紀から高校も大学も授業はすべて英語でおこなわれています）。

考えてみれば、これは驚異というべきでしょう。当時の翻訳書の数とレベルを眺めるとき、先人たちの知的能力の高さと旺盛な知識欲には感服するほかありません。

理系文系を問わず、先進国の主要文献はほぼすべて翻訳されました。課題をしぼり込み、ふさわしい文献を集めて、1 ページ読めば 1 ページぶんだけ確実に納得できるように丁寧に訳す。信頼に足る翻訳が途絶えることなく生みだされたことは快挙といっていいものです。「翻訳主義」をとらなかったら、西洋をモデルとした近代化をうまく推進できなかったでしょう。

しかし、戦後すぐに、亡霊はふたたびあらわれました。

作家の志賀直哉が「世界中で一番いい言語、一番美しい言語」であるフランス語を国語に採用したらいいと言いだしたのです。とはいえ、これがフランス語を解しない志賀のたんなる思いつきに終わったことは幸いでした。

それまでになかった西洋の概念を翻訳するという営為は戦後の復興にも生かされました。1964年の東京オリンピック後に起こった日本経済の離陸、それに続く高度経済成長、そして1980年代に獲得した「経済大国」という称号も、当時、先頭を走っていた欧米の技術と論理を吸収する翻訳力があったからにちがいありません。

発音やイントネーションをまったく無視して、ただひたすら書物と資料の読解に徹した近代日本の外国語教育（とりわけ英語教育）は、いまとなっては欠点とあげつらうこともできますが、時代の要請という点から見れば、考えうる最良のものであったというべきでしょう。

問題はこれからです。世界の人々と交流するようになったこんにち、どのように外国語を扱ったらいいのか。どう英語と向き合ったらいいのか。翻訳文化を放擲（ほうてき）（投げ捨てること）してよいのか。そのことがいま問われています。

17

## 私、「センター試験」の味方です！

大学入試は「民間試験導入」という方向を目指しているようです。どう思われますか。

大学入試に異変が起こっています。

2020年、センター試験が廃止されました。廃止されるには理由があったはずです。どこが悪かったのでしょうか。

試験問題というレベルでセンター試験をふりかえると、良問が多かったように思います。長いことセンター試験の問題を見てきましたが、工夫が重ねられ、受験生の英語力を測るうえで適切な試験になっていたのではないでしょうか。

センター試験が廃止された理由は、どうやら「4技能入試を導入したいから」であったようです。「4技能」とは「読む・書く・話す・聞く」という能力のことです。

推進したのは、文部科学省や経済人（経済同友会など）です。外部試験（英検やTOEICなどの民間試験）を導入して、従来の「読む・書く」だけでなく、「話す・聞く」能力を測定したいというもくろみがあったようです。

一見、素晴らしい入試改革のように思われますが、問題はいくつもあります。

一、民間業者による試験はパターン化しているので、受験機会が増えるほど、点数があがる傾向がある。それゆえ、お金持ちの家庭の受験生が有利になる。
二、業者試験が開催されるのは都市部に偏っている。これは公平性を欠くものである。
三、業者試験では「秘密性」の保持に問題がある。試験問題の漏洩はないだろうか（センター試験においては、問題の管理は徹底していたといわれている）。
四、スピーキング試験はどのような問題が出され、どのように採点されるのか。発音やリズムといった問題も含め、“ジャパニーズ・イングリッシュ”はどの程度まで容認されるのか。そうした基準が示されていない。

4技能試験の目玉は「スピーキング」です。リーディング、リスニングはすでにセンター試験に導入されていました。

じっさいのところ、50万人を対象にしたスピーキングを試験に導入することができるのか。スピーキングは“自由度”が高いし、発音やリズムの基準をどこにおくのかなど、その能力を公平に測定するのは困難です（ゆえに採点は恣意的なものになりやすい）。

英語をしゃべるには相手の話を聞き取ることができないといけません。経験からいうと、リスニング力とスピーキング力はほぼ比例関係にあります。リスニング力を見れば、たいていスピーキング力がわかります。リスニング力があるということは、英語のリズムと語彙を聞き取る力があるということです。

そもそも4技能入試の導入には、「センター試験ではスピーキングとライティングをやっていない」という根本的な誤解がありました。センター試験では、リーディング力とリスニング力を測ることで、発信力（スピーキング力とライティング力）も上手に測定していたのです。「有識者」ならそこを見ないといけないのに、4技能試験を推進した人たちはそこに気づきませんでした。

「4技能」を分けて測定する入試英語改革はおそらく失敗するでしょう。そもそも全国一斉のテストに私は反対ですが、どうしてもやるというのなら、もとのセンター試験（筆記とリスニング試験のみ）に戻してほしい。

それにしても英語政策をめぐる論議を見渡して驚くのは、政治家や経済人が信じられないほど外国語学習法について不勉強であるということです。「中高6年も英語を勉強しているのに、英語がしゃべれるようにならない」などと嘆くのです。

「改革」を叫んでいても、固定観念や妄想に基づいているため、「改良」の方向ではなく、「改悪」のほうへ向かっているとしか私には思えません。

## 英語試験の「改革」はどうして失敗するのか

大学入試改革は試行錯誤をくりかえしているように見えます。そのたびに受験生は翻弄されます。どうしてこんなことが起こるのですか。

ご質問に答えようとしていた矢先（2021年6月末）、共通テストでの記述式問題や英語の民間試験を活用しようとする構想が頓挫（とんざ）したとのニュースを耳にしました。

そもそもこの大学入試改革は、三木谷浩史さん（楽天の代表取締役会長兼社長）が大学入試にはTOEFLを使うべきだと主張して動き始めた改革案でしたが、文科省の有識者会議はいずれも「実現は困難であると言わざるをえない」としたのです。正直、ほっとしています。

この間、高校や予備校は来たるべき日に備えて、準備や設備を整えつつありました。なかでも、もっとも翻弄されたのは、現場の先生と受験を控えた生徒でした。

誰のせいなのか。例によって、現実を見ずに暴走し、受験生を混乱におとしいれた責任を誰もとろうとしません。謝罪会見もしません。

地域や家庭環境による受験機会の格差、採点の公正性などの問題点は当初から予想されていましたが、理想ばかりを語って現状を見ようとしないメンバーの大半は最初から「現実」を考慮に入れようとはしませんでした。

それにしても、「結論ありき」の“お手盛り審議会”はもうやめにしなくてはいけません。まるで子どもだましのようなことをいい大人たちがやっているのです。

「お手盛り」というのは、政治家や財界などの権力者が地位を利用して自分の思いどおりにものごとを取り計らうことをいうのですが（偉い人が自分の食べ物を好きなように盛りつけたことに由来します）、そうした有識者会議ではかならず少数の反対派を入れることになっています。それは「反対派の意見も聞いた」という免罪符を手に入れるためです。

それでも頓挫したのは、外部（現場の先生・教育界の研究者・受験生・高校生・保護者）からの批判の声が大きかったからです。

意外に思われるかもしれませんが、日本の英語教育は政治家と財界人によって動かされています。彼らは「読み書きを中心とした英語ではだめだ。会話中心の英語を学ぶべきだ」という前提で議論を始めようとします。

「英語がしゃべれないばっかりにパーティの席でさびしい思いをした」とか「英語の輪のなかに入れなくて悔（くや）しい思いをした」という共通の原体験がそうした発想の原点になっています。自分が努力しなかったことを棚にあげて、責任を学校英語のせいにするのです。

おかしな話ですね。数学がきらいで、二次関数や微分・積分がわからない人が「数学教育が間違っている」と不平を言うでしょうか。「数学はきらいだった。だからぜんぜん勉強しなかった」と素直に自分の努力不足を認めるはずです。

ところが、英語となると学校教育のせいにして、“抜本的な改革”を叫ぶのです。

学校英語のおかげで英語の基礎を固めることができたと私としては、「英語ができない」責任を学校英語になすりつけるのが不思議でなりません。「学校英語のおかげで英語をものにできた」という人たちの存在を忘れているのでしょうか。

今回の騒動をめぐって頼もしく思ったのは、受験生や大学生がTwitterなどのSNSで自分の意見を発信していたことでした。また、それに対して、すばやく反応した鳥飼玖美子さん（立教大学名誉教授）にも頭がさがりました。鳥飼さんは改革案の制度自体に構造的欠陥があることを早くから指摘していた良心的個人のひとりですが、騒動の経緯を『10代と語る英語教育』（ちくまプリマー新書）にまとめてくださいました。

読者および有識者のみなさん（とりわけ、改革を積極的に推進しようとした三木谷浩史さん、松本茂さん、安河内哲也さん）、ぜひご一読を。

## 母語は「ツール」以上のもの

英語って学問ですか。それともツールですか。

「日本語はあなたにとってツール（道具）ですか」と問われたら、「いいえ。ツール以上のものです」と答えます。言葉はそんな単純なものではない、という気持ちがあるのです。

ルーマニア出身で、パリで活躍したシオランという思想家は「わたしたちはある国に住むのではない。ある国語に住むのだ。祖国とは国語だ。それ以外の何ものでもない」と語っていますが、私自身も「日本語は私自身そのもの」という感覚があります。

思考や感情の総体としての私自身や、私を取りまく世界を成り立たせているのは日本語だという認識があるのです。

経済理論でも文学作品でも、技術でも商品でも、新しく何かを生みだそうとするとき、かならず“違和感”や“ひらめき”といった感覚（暗黙知）がまず先行してあらわれます。そして、そうした感覚を試行錯誤的に言語化していくのですが、そのプロセスを母語以外の外国語でできるでしょうか。

母語はたんなるツールではない。ツールを超越したものだ――という気がしています。

ところが、母語ではない英語を使っているときはツール意識がひじょうに高い。ただ、自分の言いたいことをちゃんと伝えられたらそれでいいと思ってしまうのです。

どうしてでしょうか。

心の奥底で、エートス（心情）を過不足なく伝えられるのは母語であり、外国語では情感や機微（心の微細な動き）は伝えられない、と思い込んでいるからです。

英語を母語としない外国人を見ていると、おもしろいことに気づきます。日本人は、英語を深遠な「学問」として位置づけて、数学や社会と並ぶ主要科目と捉（とら）えがちですが、外国の人たちは外国語をたんなるツールとみなし、あたかもスポーツや楽器を身につける要領でアプローチしているということです。

いくらピアノの理論を頭で完璧に学んだからといって、弾けるようにはなりません。あくまでもツールですから、それを道具として使いこなせるようになるためには、鍵盤に指をおいて音を出してみなければなりません。そうすることで、ピアノの技法をだんだん身につけていくのです。

英語学習をジャズ・ピアノの練習にたとえてみましょう。楽譜の読み方がわかったからといって、すぐさまピアノが弾けるようになるのでしょうか。

もちろん無理です。ピアノに向かって思いつきで自由に弾きまくればジャズになると思うのは、ジャズを知らない素人（しろうと）の浅はかな考えです。

ジャズの即興演奏ができるようになるには、規則（楽理）を学び、型（コードやスケール）の反復練習をしなければなりません。こうしたトレーニングを日々、積み重ねることで、ジャズらしいピアノを奏でることができ、ジャム・セッションにおける即興演奏で他の楽器とのコミュニケーションをとることができるようになるのです。

外国語学習はトレーニングです。深遠な「学問」と捉えると、とたんに重荷になってしまいます。

英語学習は「使うことで磨きをかけていくトレーニングである」とイメージしてみましょう。そう捉えるだけで、英語学習に対する取り組み方も大きく変わってくるはずです。

母語以上に外国語を使いこなすことはしょせん無理です。母語はツールを超越したものですが、外国語はツールとみなしたほうが上達は早いのではないでしょうか。

國弘正雄（同時通訳者）やドナルド・キーン（文芸評論家）のように母語と比肩（ひけん）するほどに外国語を習得した人がいますが、そうした人でも母語に及ぶほどの力をつけてはいなかったのではないでしょうか。彼らにとって、外国語はツール以上のものになったのかもしれませんが、少なくとも外国語を学び始めたときはツールとして捉えていたことがいくつかの著作から読み取ることができます。

## 外国語は「ツール」である

英語圏の人たちがうらやましいです。どうしてかというと、英語を学ぶ必要性がないからです。これって「フェア」じゃありませんよね。

ごもっともです。たしかに英語を母語とする人々だけが、おびただしい数の言語をしゃべる79億人近い人類のうちで特権的な地位にいます。しかも、その幸運に感謝するどころか、英語を母語としない人たちに英語をしゃべることを陰に陽に勧めています。

まったく不公平です。英語圏の人たちは「フェア」（fair）であることを大切にするといいますが、けしからんことにこのアンフェアは問題にしようとはしません。

こうした「英語支配」の構造は、インターナショナリズムに見えて、そのじつ英米人にとってのナショナリズムであるとみなす研究者がいます。

言語学者の田中克彦さんは『国家語をこえて』という本のなかで、「既存の言語はすべて特定の民族と国家の権力と威信に結びついており、またそこで作り出された強力な言語的首都の存在は、絶え間なく非母語の話し手を差別し、おどしつけるのである」と述べています。

わたしたち日本人は英語コンプレックスをかかえています。結果、英米人を「高級人種」（哲学者・中島義道）とみなし、日本人であることに「劣等意識」を持つようになってしまいました。英語をしゃべることが「かっこいい」といった風潮さえあります。

言語の世界分布図は「帝国主義の夢の跡」（作家・富岡多恵子）であって、まことに「言語は権力である」（イギリス文学研究者・大石俊一）といわざるをえません。日本と日本人はまさしく「英語支配」（英語教育学者・津田幸男）の世界で暮らしているのです。

英語という言語のなかに、支配・抑圧・差別を見るいっぽうで、憧憬・崇拝・羨望を持つという、いわば反対感情が共存するアンビヴァレント（二律背反）の心理状態にいる人がいまも少なからずいます。ひょっとすると、あなたもそうかもしれません。

しかし、いっぽうで「英語はたんなるツールにすぎない」とわりきって学習している人たちもいます。

私もそのひとりで、学校英語を卒業したのちはそうした気持ちが強くなりました。そもそも私は英語支配の広がりを快く思っていない人間ですが、英語という言語を、相手と気持ちをかよい合わせ、情報を収集し、意見を交換するためのツールであるとみなしてからは英語がむしろ“上達”したように思います。

こうした取り組みはとくに若い世代に顕著なのですが、彼らは自分の必要としている英語さえ身につければそれでよいと思っています。彼らには、文化支配の言語を学んでいるという屈辱感もなければ、「高級言語」を学びたいという憧れもありません。

ただ、「利便性がある」というだけで英語を学んでいます。そもそも英語の専門家になろうとしていないし、英語を徹底的に学ぼうという姿勢もありません。こうした若いビジネスパーソンたちのプラグマティズム（実用主義）は大いに参考になります。

英語習得そのものを到達目標にしてしまうと、いつまでたっても英米人のように英語をしゃべれない自分に劣等感を持つことになります。

英語は「手段」とわりきって、「道具」のように使ってみてはいかがでしょうか。「英語を道具のように使う」という発想に立てば、「道具だから、上質なもののほうが使い勝手がいいに決まっている」という考えが浮かびあがり、道具にさらなる磨きがかかるはずです。

21

## 「ネイティブ英語崇拝」をやめよう

ネイティブのような英語を身につけるにはどうしたらいいのですか。

残念ながら、無理です。というか、残念がる必要もありません。

わたしたち日本人が「あの人は英語がうまい」と言ったとき、英語を日本語と同じように使いこなしている状態をイメージしていますが、どれほど努力しようと、あなたは英語母語話者のようなリズムと発音で英語を使いこなすことはできません。

望むと望まざるとにかかわらず、わたしたちがしゃべれば、「ああ、これはニッポン人だな」と相手にわかるような英語に落ち着くのです。そもそも日本で生まれ育った人が、母語以上の外国語力を身につけることはどだい無理なのです。

「母語」と「外国語」の関係は不思議なものです。外国語の習得に失敗した例は大量の佃煮（つくだに）ができるほどありますが、母語の習得に失敗したという例はこれまで聞いたことがありません。

言語をトータルに獲得する能力は、生涯のある期間のみに機能します。これを「臨界期仮説」といいます。

臨界期（「敏感期」と呼ぶ研究者もいます）は一般に、12、13歳の思春期ごろまでといわれていますが、3、4歳までに決定されるという研究者もいます。

臨界期を過ぎると、その“魔法”は急激に衰えてしまい、それ以降、どんなに努力をしても母語話者のようにはなれないのです。

アメリカの言語心理学者J・J・アッシャーは、外国人が英米人そっくりな発音になるためには、3歳までに英米の環境のなかにいることが必須で、それ以降は不可能であると述べています。

フランス国立科学研究センターのジャック・メイラー博士は、「生後まもないフランス人の赤ちゃんは、中国語の四つのトーン（四声）を聞き分ける。だが、（中国語の）刺激を与え続けないと、生後8カ月から12カ月でその力は失われていく」と報告しています。

認知科学者である今井むつみさん（慶應義塾大学教授）は「赤ちゃんは生後十カ月くらいで自分の母語にとって重要な音素と重要でない音素を重要分類し、重要な音素にのみ注意を向けて、重要でない音素へ自動的に注意を向けることをやめてしまいます」と分析しています。

リスニングや発音の面では、年齢の壁は絶対的なものであるようです。「文法や語彙は思春期以降も習得できるかもしれないが、音声には“発達の窓”が存在する」と述べるのは、インディアナ大学の認知心理学者デイヴィッド・ピソーニ教授です。「いったん窓が閉まったら、どんなに努力しても母語話者と同じレベルに達することはない」と断言しています。

日本人の英語学習者は「ネイティブのように英語をしゃべる」

ことを目標として自分に課していますが、そもそもそれはミッション・インポッシブル（不可能な指令）なのです。

とはいえ、これらの研究は「幼少期を過ぎると外国語を習得できない」ということを示しているわけではありません。

いうまでもなく、言語の学習は、音声だけでなく、文法や語彙など、さまざま要素から成り立っています。自動音声情報処理システムをつくるという意味においては臨界期はありますが、言語学習自体の臨界期はないということを忘れないでください。

日本で生まれて育ったわたしたちは、どれほど努力しても、ネイティブのようにペラペラと英語を話せるようにはならないし、またそうなる必要もありません。

それどころか、「ネイティブのように英語を使いこなす」を目標としてしまうと、劣等感、屈辱感、敗北感を絶えず味わい続けることになります。

では、どんな英語を身につけたらいいのか。

「ネイティブ英語崇拝」から脱却して、「日本人の英語」（日本人としてのアイデンティティを持った英語）を身につけるほかありません。

22

## 「日本人英語」でかまわない？

「日本人英語」といった場合、発音はどの程度まで許容されるとお考えですか。

英語は「国際共通語」（common language around the world）であるといわれています。「世界語」（world language）「地球語」（global language）「リンガ・フランカ」（lingua franca：イタリア語に由来）などと呼ぶ識者もいます。呼び名はそれぞれ違っていても、英語はもはや英米人だけの所有物ではなく、世界各地でその地域に特徴的な表現形態を持つようになったということをあらわしています。

とはいえ、「国際社会」なるものはまったく不公平です。そこへ入るというだけで、非英語国民は膨大な時間と莫大な労力を費やさなくてはならないのですから。日本にとっての国際化は「国災化」なのかもしれません。

さて、そうした煽(あお)りを受けてか、わが国でも「いまの英語は英米の英語にあまりにも傾斜しすぎている。いまや英語は、リージョナル・ランゲージ（地域言語）にもなったわけだから、日本人英語があってもかまわないのではないか」というような発言を耳にすることが多くなってきました。

なかには、「世界でいちばん伝播力のある英語を学ぶことの意義は、日本の情報や信念を国際社会に向けて発信することにあるのだから、英米人たちが使う英語だけが“正しい”などというのは根本的におかしい」と主張する人もいます。

また、英米人と同じような発音をするのは「屈辱的」だとして、あえて日本人っぽく英語をしゃべることを積極的に勧めるような意見さえあります。

「日本人英語」を論じる際に忘れてはならないのは、コミュニケーションは互いの歩み寄りがあってはじめて成立するものである、というあたりまえの前提です。

いうまでもなく、コミュニケーションは、相手の言いぶんもしっかり聞くが、自分の主張も相手が理解できるように述べる、という姿勢が双方にあるときのみ成り立つものです。歩み寄りもせずに、勝手に「日本人英語」を発信したところでコミュニケーションが成立しないのは目に見えています。

「日本人英語でかまわない」といったときの「日本人英語」とは、コミュニケーションが成立するということが大前提になります。「受信」は考慮に入れず、「発信」のみに目を向けて「日本人英語」を語るのは、コミュニケーションのあり方を無視した一方的な考えだといわざるをえません。

アジアを見渡しても、インド英語、フィリピン英語、シンガポール英語（Singlish）など、さまざま「英語たち」（Englishes ←複数形であることに注目）が存在しますが、彼らは一方的に自分たちの英語を発信しているのではありません。

シングリッシュをしゃべる人たちには、英語の音を聞き取る耳があり、言わんとしていることを伝えられる口唇（こうしん）があるのです。だからこそ、彼らの英語は“英語たち”の一形態として広く世界で認知されているのです。

相手につうじる英語か否か。

この点こそが「日本人英語」が容認される唯一の根拠です。もちろんその許容範囲は、発音のみならず、文法、語彙にも及びます。

もちろん、つうじる英語ならば、英語を母語として用いている人たちは日本人の“小さなミス”を大目に見なければいけません。わたしたちは多くの時間と労力を費やして英語を学んでいるのですから。

英語母語話者たちが「雨」と「飴」を、「夢」と「有名」を、「風鈴」と「不倫」を、「地図」と「チーズ」を、「病院」と「美容院」を、「きみって可愛いね」と「きみってコワいね」を、「ちょっとどいて」と「ちょっと抱いて」を、「毛皮らしい」と「けがらわしい」を、「ちょっと座ってください」と「ちょっと触ってください」の発音がうまくできなくても、わたしたち日本人は彼らの日本語を「シュールだ」とか「チャーミングだね」と大目に見ているわけですから。

23

## 「言語的距離」と「学習時間」

英語を習得するには、いったいどれぐらいの時間がかかるのでしょうか。

母語と外国語には隔たりがあります。

この隔たりを「言語的距離」（language distance）と呼んでいます。

英語と親戚関係にある言語を母語にしているヨーロッパの人たちが英語を習得するのは容易なことでしょう。たとえば、同じアルファベットを使用しているフランス人は、文字を見れば英文の意味をおおよそ推察できるといいますし、オランダ人は鹿児島の人が東京弁を習うような感じで英語を捉えているらしい。また、スペイン語を母語にしている人は、英語の語彙のおよそ65パーセントは判断がつくといいます。

学習者の母語と学習対象となる外国語が似ていれば習得にかかる時間は少なくてすむわけですが、日本語と英語はそもそもどれぐらい離れているのでしょうか。

アメリカ国務省には、外交官などの政府職員を訓練する機関（FSI）があり、国務省をはじめ各省庁や軍隊に属する連邦政府職員に対し、70を超す言語の教育をほどこしているのですが、そこがたいへん興味深いデータを報告しています。

それによると、習得しやすい順に各言語を四つのカテゴリーに分類しているのですが、日本語は最後のグループ、すなわち「英語母語話者にはきわめて難しい言語」（Languages which are exceptionally difficult for native English speakers）のひとつに数えられています。つまり、英語と日本語は、構造的にきわめて異質な言語なのです。

ちなみに、そこでいう到達目標は「自分が専門とする仕事に使えるコミュニケーション力」という高いレベルです。以下、過去のデータを参照しながら、大まかにまとめてみます。

カテゴリーI《英語と密接な関係にある言語》

デンマーク語、オランダ語、フランス語、イタリア語、
ノルウェー語、ポルトガル語、ルーマニア語、スペイン語、
スウェーデン語の9言語。

・目標達成までに24～30週間（600～750時間）かかる。

カテゴリーII《英語に似た言語》

ドイツ語、インドネシア語などの5言語。

・目標達成までに36週間（900時間）かかる。

カテゴリーIII《習得に困難な言語》

アルバニア語、ロシア語、タイ語などの50言語。

・目標達成までに 44 週間（1100 時間）かかる。

カテゴリーⅣ《習得がたいへん困難な言語》

アラビア語、中国語、日本語、韓国語の 4 言語。

・目標達成までに 88 週間（2200 時間）かかる。

日本語を含むカテゴリーⅣの 4 言語は Super-hard languages（超困難な言語）とされています。

この資料を逆方向から眺めれば、日本人にとっての英語は、アメリカ人にとっての日本語と同様、習得にかなりの時間がかかる（毎日 5 時間のトレーニングを週 5 日こなしても 88 週間、1 年半かかる）ということが予測されます。これを、毎日 1 時間、週 5 日で計算すると、440 週、なんと 8 年半もかかります。

わたしたちが英語を習得するには、一般に 3000 時間かかるといわれますが、アメリカ人エリートが日本語の取得に 2200 時間かかるというのはひじょうに説得力のある数字です。

日々、日本語で生活をしている人が、高いレベルの英語を身につけようと思ったら、長期にわたって地道にトレーニングしなければならないのです。

## 英語が「しゃべれない理由」

中高と6年も英語を勉強しましたが、まともに英語がしゃべれません。これっておかしくありませんか。

おかしくありません。

一般に、日本人の場合、英語の基本を習得するには「3000時間が必要」だとされていますが、平均的日本人は中・高をつうじてどのくらいの時間を英語に費やしているのでしょうか。英語を“本格的に”学ぶとされる6年間の内訳は、だいたい次のとおりです（1単位時間を50分としています）。

- 中学校の年間授業時間数＝約400時間
- 高校の年間授業時間数＝約400時間

中学・高校の6年間で、わずか800時間なのです。

英語を習得するのに必要とされる3000時間の4分の1にも満たない。この800時間を6で割ってみると、1年で133時間、1日に換算すると5分程度の時間になってしまいます。1日たった5分程度で英語を身につけることができるというのでしょうか。あとの時間はすべて日本語で生活しているのです。

では、小学校に入るまでに、わたしたちはどれくらいの時間を母語たる日本語の習得に費やしているのでしょうか。

・1歳から3歳まで日本語に接している時間
　＝約1万950時間
・4歳から6歳まで日本語に接している時間
　＝約1万5330時間

少なく見積もっても2万5000時間ものあいだ「日本語漬け」になっているのです。こうした膨大な時間のうえに母語というものがわれわれのなかに形成されているのです。

これで、「日本人は6年近くも英語を学んでいるのに話せない」との指摘がいかに的はずれな言説であるか、おわかりいただけただろうと思います。

「小さいときから英語をやれば、きっとうまくなるはずだ」という何の根拠もない期待と願望に基づいて、2020年から「小学校の英語の教科化」（対象は小学5・6年生）がスタートしましたが、その内訳は年間70時間、2年間で140時間です。しかも、英語を専門としない教師が教えているという。むしろ、逆効果すら心配されます。

おそらく数年後も、「小中高と10年間も英語を勉強したのに、どうして英語がしゃべれないのか」というさらなる悲惨な嘆きが、英語学習のなんたるかを知らない政財界から聞こえてくるでしょうね。

マルコム・グラッドウェルは『天才！　成功する人々の法則』のなかで、「さまざまな分野で天才と呼ばれるようになった人たちに共通しているのは、それまでに打ち込んできたトレーニング時間がほぼ1万時間である」という興味深い報告をしています。

1万時間というのは、1日3時間、これを10年続けることです。これがいわゆる「天才」といわれる人たちのトレーニング時間です。

では、日本に暮らしていて「英語の達人」になった人がいますが、彼らはいったいどれくらいの時間を英語に費やしてきたのでしょうか。

中学から英語を始めたとして、5000時間以上は英語に費やしています（FSIの報告もはるかに多い）。

毎日休まずに3時間英語を学んでも、1年で1000時間にしかなりません。5000時間というのは、毎日3時間のトレーニングを休まず5年間続けることになります。英語の使い手になるためには、これぐらいはやらないといけないようです。

では、「天才」とか「達人」を目指すわけではない人たちはどれくらいの時間をかけたら、ちゃんとした英語が話せるようになるのでしょうか。

およそ3000時間。これぐらいやれば、聞いたりしゃべったりすることが、いちおうはできるようになるのではないかと思います。

25

## 「質」より「量」

英語学習の質を向上させたいと考えています。どうしたらいいのでしょうか。

現代人はとかく忙しい。学生であれ社会人であれ、時間に追われています。だから、トレーニングの時間を「なかなかとれない」とぼやきます。そこで大半の人たちは学習の「質」に目を向けます。何か効率的な方法はないものだろうかと探し始めるのです。

時間のない人が「質」にこだわるのはあたりまえですが、効果的な学習を追い求めるあまり、肝心の学習量が不足してしまっている人たちがこれまた驚くほどたくさんいるのです。

私の見るところ、学習の「質」に問題がある人はほんのわずかなのに対して、「量」を確保できていない人が圧倒的に多い。次から次へとあらわれる効果的な学習メソッドや教材ばかりに目を奪われ、トレーニングそのものに時間を費やしていないのです。

「質」と「量」の関係は相互に依存し合っています。いくら質の高い学習を目指しても、量を確保しなければ、逆に非効率的なものになってしまいます。

語学トレーニングに関していうと、とりわけ最初期は、飛行機が滑走路を疾走するみたいに集中的にやったほうがいい。いったん離陸したら、あとは語彙を増やしていけばいいので、そんなにがんばらなくても宙に浮いていられるものです。

最初は「量」を確保する。

とにかく時間を捻出しましょう。トレーニングのための時間は、あらかじめ用意されているものではありません。「見つける」ものでも、「見つかる」ものでもありません。みずから「つくりだす」ものなのです。

「2年で1000時間の英語トレーニング」を自分に課したビジネスパーソンがいます。「あなたの場合、目標（＝英語でビジネスの交渉ができる）を達成するまでに1000時間かかるでしょう」と私に診断されたからです。

2年で1000時間という目標を達成するには、1週間に10時間、つまり1日90分（1時間半）はトレーニングしなければなりません。そこで彼は会社への行き帰りに30分ずつ（土日は朝60分）、そして寝る前に30分、こうして90分を確保しました（教材は毎月のNHKラジオ講座「ビジネス英会話」のみ。30分聴いて、60分の復習）。

始めてから2年が経過しました。彼は毎日90分のトレーニングを積むことで、自分の納得のいく英語力をついに手にすることができました。彼はいま「時間を制限したことがよかった」とふりかえっています。

すでに基礎力を身につけている人たちは、「トレーニング時間を制限してよかった」と申し合わせたように述懐します。時間がいくらでもあるとかえって効率が下がり、わずかな時間しかないと思ったほうがむしろ集中することができるようです。

◆ Ninety minutes every day is better than five hours on a Sunday.
（日曜日の5時間よりも、毎日90分やったほうがいい）

リサーチしたところ、大学生は「日中トレーニング」派が多いのに対し（大学生は朝寝坊なのです）、ビジネスパーソンは圧倒的に「早朝トレーニング」派が多い。早朝派は、なにより脳がリフレッシュされているのがいいといいます。出勤前の「限られた時間」なので集中力を高めることができ、結果、密度の濃い学習を得られているようです。

毎日、一定のトレーニング量（時間）を確保してください。そうすれば、おのずと質も向上してきます。

トレーニングは毎日、短くてもいいから欠かさずやること。これもスポーツや楽器を習う要領と同じです。週一回、日曜日にまとめてやろうとすると、前の日曜日やったものをすっかり忘れていることがあります。

## 「自前の英語」を身につけよう

英語が話せるようになりたいのですが、どうしたらいいでしょうか。

英語にかぎらず外国語を身につけるには、特別な才能や素質は必要ありません。英語を学ぶのに「特殊能力」は要らないのです。

しかし、伸びる人と伸びない人がいます。

この差はどこで生じるのでしょうか。

伸びる人は努力していますが、伸びない人は努力していません。この単純な事実があるだけです。

では、伸びない人はどうして努力しないのでしょうか。

それは、「切実な願望」を持っていないからです。動機づけに失敗しているといってもよいでしょう。

じっさいこの日本においては、英語を使う場面がやたらに少ないのです。はっきり言って、英語を使う機会がなければ、英語ができたってしかたないのです。

一年に一度の海外旅行とか、たまたま外国人に道をたずねられるといった、それこそ一生に数回あることのために、人生の貴重な時間を割いて英語を学ぶなど愚かしいことだということを日本国民はちゃんと知っているのです。日本という国で生きていくうえで、英語は欠くことのできない言語ではありません。

英語は多くの日本人にとって、「できるにこしたことはないもの」であって、「できなければならないもの」ではないのです。

裏を返せば、死活問題になるような、否が応でも英語を使わなくてはならない状況にみずからの身をおけば、モチベーションが高まり、目標とする英語を手にすることができるようになります。

さて、あなたがいま学んでいる英語は「受験英語」です。試験に合格するための勉強ですから、大半の学生たちはしかたなく机に向かっています。「英語を身につけたい」と熱望している生徒はごく少数で、ほとんどは「試験に合格したい」という一心で難問と格闘しています。

「英語が話せるようになりたい」というあなたが目指すべき英語はただひとつ、「自分にとって必要な英語」を身につけることです。そして、それはまた「内容重視の英語」でなくてはなりません。

そのためには、「ペラペラになる」などという非現実的な夢を目標に掲げないことです。ノリがよくても、話す内容に中身がなければ、ペラペラな（薄っぺらな）人間として軽く見られるだけです。

代わりに、自分の伝えたいことをロジックをもって伝えられる英語を身につけましょう。「流暢な英語」（fluent English）でなく、内容重視の「伝えられる英語」（intelligible English）を自分のものにするのです。

そうした英語のことを私は「自前の英語」(English of my own)と呼んでいますが、同時にそれはまた日本と日本人を語る「自前の英語」(English of our own)でなくてはなりません。

あなたという人間がどれほど自分の意見を前面に押し出しても、あなたの考え方や発想は否応もなく日本的にならざるをえないからです。

「自前の英語」を身につけるためには、あれやこれやの分野を網羅的にカバーしようとするのではなく、自分の関心のある分野に絞って学ぶことです。

あなたが興味を持っているのは何でしょうか。

かりにあなたが心理学に興味を持っているとしたら、自分の考えを英語で述べられるようにしてみることです。異なる文化を背負った人たちとの会話は、あなたを大いに刺激してくれるにちがいありません。

外国人と英語を話していていちばん面白いのは、考え方の差異を感じるときです。「同じ」ということもうれしいものですが、「違う」ということもまた議論を深めるうえで欠かせません。同時にまた、お互いに「違う」ということで一致する(agree to disagree)ことの大切さも痛感するはずです。

「自前の英語」を話せば、あなたはひとかどの人間として一目置かれ、ひとりの日本人として敬意を払われる存在になるでしょう。そのとき、あなたは立派な「自前の英語」を身につけたことになります。

27

## 難敵は「内気の壁」

英会話がうまい人の共通点はあるのですか。

日本人の「英会話」が大衆レベルで始まったのは、第二次世界大戦が終わってからのことです。

敗戦直後に出版された『日米会話手帳』（1945 年）はなんと 400 万部の大ベストセラーになり、翌 1946 年には、「カムカム・イングリッシュ」で有名な平川唯一のＮＨＫ『英語会話』のラジオ放送が大歓迎のうちに開始されました。

以後、「英会話ブーム」はたびたび起こり、現在に至っているというしだいです。

これだけ長期にわたって断続的に「英会話ブーム」が沸き起こると、どのような人が英語を話せるようになるのか、またどんな人がなかなか話せるようにならないのか、徐々にわかってきました。

ハンガリーの女性通訳者ロンブ・カトーは、世界の外国語学習者を広く見渡して、外国語の習得は、次のように測定されうると発表しました。

$$\frac{\text{消費された時間} + \text{意欲}}{\text{羞恥心}} = \text{結果}$$

意欲を持って、長時間におよんで学習しても、羞恥心があると、誤りを犯すことを恐れ、それが結果的に外国語習得を阻害すると分析しています。

このことはそっくり日本人にもあてはまるようで、同時通訳者の小松達也さんは以下のようにあらわしています。

$$\frac{\text{意欲} \times \text{時間}}{\text{羞恥心}} = \text{成果}$$

「(消費された)時間」と「意欲」が重要な要素として挙げられていることにも興味をそそられますが、やはりなんといっても興味深いのは、否定的要素を示す尺度、すなわち不利係数として両者とも「羞恥心」を据えているということです。

◆ If you have a passive attitude, you'll have difficulty learning a foreign language.
(消極的な姿勢でいると、なかなか外国語は身につかない)

とりわけ日本人の場合、外国語の上達は「内気の壁」(shyness

barrier）をいかに克服できるかにかかっているといってもよさそうです。

じっさい、うっかりヘタなことを口にすると恥をかくのではないか、と気にしている学習者がけっこういます。

恥をかくのが好きな人なんてどこにもいません。しかし、恥をかかずに英語がうまくなった人もまたひとりもいないのです。「英語の達人」といわれる人でさえ、かならず過去に英語で恥をかいた経験を持っています。

外国語学習では、「恥をかくことが上達への近道」です。まず、その第一歩は、知ったかぶりをしないということ。相手のいうことがわからなかったら、ちゃんと聞き返しましょう。

いくら恥をかいたところで、それをあげつらってあざ笑う人は誰もいません。うんざりした顔で、Never mind!（もういい！）と言われるくらいです。

外国語がしゃべれるようになるかどうかは、能力（aptitude）よりも心構え（attitude）に大きく左右されます。失敗を恐れず、恥ずかしがらずに、どんどんしゃべってみましょう。

## 「沈黙は金なり」？

日本では「控えめ」は美徳ですが、英語圏ではそうした控えめな態度は誤解されるってほんとうですか。

日本はなんだかんだいっても均質社会です。

そうした社会では、以心伝心、無言のうちに言いたいことがわかってもらえると思い込みがちで、いちいち自分の考えを言葉で説明して相手を説得したり、わかりきったことをくどくどと確認する必要がありません。

また、「沈黙は金なり」「口は災いのもと」「目は口ほどにものを言う」などのことわざに見られるように、日本では意見をズバズバと述べることを積極的に評価しません。

とくに男性の場合、無口なのが美徳とされてきた伝統があるため、「べらべらとしゃべる男は軽佻浮薄（けいちょうふはく）」とか「おしゃべりな男は信用できない」という社会通念がいまもって根づよくあります。

「出る杭（くい）は打たれる」のを心配してか、親たちもまた、目立たないでいることをよしとする人生訓を子どもに与える風潮もあります。

しかし、ひとたび国境を越えて英語圏に身をおけば、こうした日本人の美徳はまったく理解されません。「おとなしい」は「主張すべきことがない」であり、「何を考えているかわからない」とみなされてしまいます。結果、「つまらない人間だ」とか、「秘密主義者」とのレッテルを貼られ、距離をおかれ、しだいに相手にされなくなります。

聖書の冒頭に、「初めにことばあり。ことばは神とともにあり。ことばは神であった」（In the beginning was the Word, and the Word was with God, and the Word was God.）との一節がありますが、言葉は神が人間に与えてくれた恵みであるという認識を西洋の人たちは持っています。雄弁は美徳であり、沈黙は無能で

あると考える西洋の発想の根本がここにあるのです。

とくにアメリカの場合、自然発生的にできた国ではなく、人為的に形成された国であり、多種多様の人種や民族が集まった多民族社会ですから、言葉を尽くさなければ互いに理解しえない、沈黙していたのでは何も始まらない、と考えている人たちが大多数を占めます。つまり、言葉に対する信頼感が日本人とはかけ離れているのです。

英語の格言に、Silence is golden.（沈黙は金なり）というのがあるじゃないかとの反論がいま聞こえてきましたが、これは雄弁文化における「思慮深い沈黙」のことを指しているのであって、相手が察してくれることを期待して黙っていることを意味しているのではありません。

自分の意見を表明しなければならない場では、Silence is deadly.（沈黙は致命的だ）なのです。話すことに臆病になると、聞き役でいることが多くなり、誰からも興味を持たれなくなり、いつのまにか仲間はずれにされてしまいます。

どうして仲間はずれにされてしまうのでしょうか。

それは、聞き役にまわるということが、そもそもコミュニケーションのルールから逸脱した行為だからです。

コミュニケーションは、相手も意見も聞くが、自分の意見も言うというのがルールです。インプットしたらアウトプットする。それでなくては、コミュニケーションは成り立ちません。それが反対意見だとしても、堂々と述べることがコミュニケーションの掟なのです。

## 「継続」は必須条件

英語の習熟に必要なものはいろいろあるでしょうが、「これだけは欠かせない」というのがあったら、ひとつ挙げてください。

「継続」です。

小学校や中学校の校長先生が朝礼などでよくいう、あの「継続」です。

学生たちに「嫌いな言葉アンケート」をとったら、おそらく「継続」は「努力」と並んで上位に入るでしょうが、外国語トレーニングは「継続する」ことでしか上達しません。「継続は力なり」という格言にもあるとおり、地道な努力を続けていけば、かならず成果は出るものです。

◆ Persistence pays off.
（継続は力なり）

とりわけ外国語学習では、persistence（粘り強さ）がものをいいます。

英語ができないと嘆く人は、続けられないからです。続ければ、かならずうまくなるし、続けなければ、上達は止まります。わかりきったことなのに、多くの人は英語学習を続けられません。

言語学習には「向き不向き」があるのでしょうか。

言語習得に関する研究では「言語適性」という用語があり、"適性"と"学習成果"の関連について調査しているのですが、いくつかの報告を見ると、たしかに関連は「ある」ようです。

このように書くと、「やっぱり自分は語学の才能ないんだ」と嘆く読者もいるかもしれませんが、それは早とちりというものです。

外国語の学習は、継続しなければ身につきません。長い年月をかけて取り組むとなると、"適性"よりも「継続力」のほうがはるかに重要な要素になります。継続しなければ、いくら語学的才能があったとしても、その言語をものにできないのです。

では、継続力を支えるものといったら何でしょうか。

それは、モチベーションです。

◆ Whether you can continue to learn English or not depends on motivation.
（英語学習を続けられるかどうかはモチベーションにかかっている）

モチベーション（動機づけ）が弱いと、気持ちが萎（な）えて挫折してしまう可能性が高くなります。これを英語ではdemotivation（動機減退）といいます。

モチベーション維持の原動力は「必要性」です。

自分の興味のあることについて人前で発表せざるをえなくなっ

たとしましょう。あなたはモチベーションの高まりを否が応でも感じるはずです。

これを読んでいる人のほとんどは試験（大学受験や入社試験）のために英語を勉強しているのでしょうが、あえて英検やTOEICといった資格試験に挑戦することでモチベーションを維持している人もいます。

ある大学生は英検1級合格（すでに2回受験）とTOEIC（すでに3回受験）800点を目指して、日々の学習を怠りません。自分の力がスコアとなって数値化されることで、モチベーションを保っているようです。

いずれにしても、差し迫った必要性のない人は、なんらかのかたちで自分の英語力を数値化したり、発信したりして可視化する（目に見えるかたちにする）、つまり「見える化」してモチベーションを維持しているという共通点があります。

30

## 「文法」は大切だ

「文法をやるから、英語がしゃべれないんだ」と言っているガイジンの先生がいます。文法はやらなくてもいいですか。

だめだめ。やってください。文法は学習効率をあげてくれる道具ですから。

私は予備校で英作文の講義をしていますが、この数年、感じていることは、きちんとした英文を書ける学生が年々減っていることです。答案用紙を見ていて、うーん、と考え込んでしまうことがよくあります。ケアレス・ミステイクどころか、意味を持つ構造物になっていないのです。

どうしてこんなことが起こるのでしょうか。それは、最低限の文法的知識すら持っていないからです。

日本人にとっての英語は母語ではなく、母語を習得したあとに学ぶ外国語です。ですから、英語の文法を学ぶことはきわめて有効な学習法であり、読み書きだけでなく、話すことや聞くことにも役立ちます。

ところが、「文法なんかやるから、英語がしゃべれないんだ」

と反論する人たちがいます。こうした文法不要論者の多くは「赤ちゃんは文法を考えずに、言語を身につけている」を主張の論拠としています。そして、文法なしで実践をとおして学ぶという、いわゆる「ダイレクト・メソッド」の推進力となっています。

なるほど、赤ちゃんは耳から入った言葉を無心になって口にします。そして、やがてそれは短文として結実し、さらには修飾語句がそれにくっついて、3歳になるころには大人と簡単な会話ができるようになります。

しかし、これをもって「赤ちゃんは文法を知らずに言葉を覚える」ということにはなりません。というのは、赤ちゃんは無自覚のうちに文法を学習しているからです。ただ、文法用語を用いないので、文法を学習していないように見えるだけなのです。

私の経験をいえば、文法をやったことが英語の土台をつくるうえでもっとも役立ちました。文法を学んだからこそ、読み書きだけでなく、話すことや聞くことにつなげることができたのだと確信しています。

以前、『英文法の魅力』(中公新書)という本のなかで、次のようなことを書いたことがあります。

《文法は言語より以前に存在したものではありません。まず言語があって、それを整理したり説明したりするために、あとからつくられたのです。わざと難解にして学習者を混乱させてやろうという目論みでつくられたのでもありません。文法は言語事実をわかりやすく説明してくれるものであり、その習得にかかる手間を軽減してくれるものなのです》

いまもこの考えに変わりはありません。

「文法は不要だ」と言っているガイジン、しかも数年も日本にいるのにカタコトの日本語しかしゃべれない“残念な”ガイジンには、しかたなく先に掲げた引用文を英訳して次のように説明しています。

Grammar did not exist before language. First there was language, and later grammar was created to organize and explain it. Grammar wasn't purposefully made difficult as part of a scheme to intentionally confuse students, either. Grammar explains linguistic facts in an easy-to-understand way and makes it easier to learn the language.

## 「受験英語」は役立つ

学校で教わる文法でほんとうに話せるようになるのですか。

朝日新聞の船橋洋一さんは2000年に発表した『あえて英語公用語論』（文春新書）という本のなかで、コミュニケーション英語を阻（はば）んでいる「最大の壁が大学受験英語である」と批判し、「いまの受験英語は、訓詁（くんこ）学であり、暗号解読の場となっている」（ルビは著者）と嘆いています。

すかさず私は『英会話どうする？』（現代書館）という本で、いや受験英語もけっこう役立ちますよと反論したのですが、受験英語の現状を知らない人たちのあいだでは、いまも批判の声は弱まる気配を見せません。

私は受験英語を30数余年にわたって眺めてきましたが、2000年以降、長足の進歩を遂げたように思います（船橋さんのおかげでしょうか）。

どうして受験英語は進歩したのでしょうか。

センター試験をはじめとして、主要大学が良問をつくるようになったからです。

入試問題が変われば、受験英語もおのずと変わります。

受験英語はその名が示すとおり入試問題対策英語ですから、高校も予備校も大学入試が重視している事柄をいち早く察知し、それへの対策をすぐさま講じるのです。

そこで、いまの受験英語をあらためて眺めてみると、もはや「訓詁学」でもなく、「暗号解読の場」ともなっていません。そんなことをやっていたら、大学に合格できないからです。

おおむね大学側は、英語の基本はあくまでも「文法」と「読解」であるという前提に立って、試験問題を作成しているのがよくわかります。

わかりづらい文法用語を覚えることが英語学習に寄与しないことはいうまでもありませんが、内容のある話をしようと思ったら、体系的な文法知識は不可欠です。会話にあってさえ、文章を組み立てる力を支えているのは文法の知識なのです。

文法力のある人は、話す必要が生じたときに短期間である程度の会話力を確実に身につけますが、文法をおろそかにした人は途中で頭打ちになり、まとまった内容のある話がいっこうにできるようになりません。

私には教え子がたくさんいますが、英語で自分の考えをきちんと伝えられ、相手の言うことをちゃんと理解できるのは、例外なく文法をきちんと習得した学生です。

『世界が称賛する日本人が知らない日本』（扶桑社）の著者として知られる伊勢雅臣さんは「国際派日本人養成講座」というメールマガジンで次のような本音を語っています。

「アメリカで夫の留学に同行してきた奥さん方を観察すると、大学入試で受験勉強をした奥さん達は短期間に比較的まっとうな英語を話せるようになるが、高卒で受験勉強をしていない奥さん方は、いつまでもブロークンな英語しか話せなかった。この違いを生んでいるのは、頭の善し悪しではなく、受験勉強で一度は英文法と格闘したことがあるかどうか、という事なのである」

受験英語といえば、なにかと英語音痴の元凶であるかのようにいわれますが、コミュニケーション英語の基礎になっているのがじつは受験英語なのです。

## 「文法のための文法」はだめ！

「文法にのっとってしゃべるより、ブロークンの英語ほうが通じるよ」という人がいますが、どう思いますか。

そうした風潮に拍車をかける教育者もいます。「文法はコミュニケーション英語の足を引っぱっている」と批判するのです。あげく、文法があたかもコミュニケーションを阻害する悪者であり、「文法をやるから英語が話せなくなる。あんなのは“生きた英語”ではない」とうそぶく人までいます。

みなさんは、アメリカ人に「すみません。ちょっとお伺いしてよろしいですか。渋谷駅はどちらでしょう？」と丁寧にたずねられるのと、「ヘイ、どこ、シブヤ・ステーション？」とぞんざいに聞かれるのとではどっちに好感を持ちますか。

いうまでもないでしょう。文法的に誤った文をつっけんどんに言われると、不快感を持つのはべつに日本人にかぎったことではありません。英語国民であっても同じです。

さらにつけ加えれば、文法的に正しい英文を話すことはひじょうに好感を持たれます。文法的に間違った英文ばかりを発すると、知性や品格まで疑われ、浅薄な人間だとみなされてしまいます。

同時通訳者で、日本人の英語教育のあり方について活発に提言している鳥飼玖美子さんは『TOEFL・TOEICと日本人の英語力』のなかで以下のように述べています。

「難解な文法用語を覚えることがコミュニケーションに寄与しないことは論を俟（ま）たないが、外国語で内容のある話をしようと思ったら、体系的な文法知識を応用することは当然である。複文を組み立てたり、仮定法を使ったりすることは日常レベルでもあるわけで、そういう際に、文章を作り出し組み立てる力を支えるのは基本的な文法・構文の知識である」

さらにいわせていただくと、英文法を学ぶことは、コミュニケーション英語を獲得するうえでも、時間的な効率がひじょうにいいのです。文法力のある人は、話す必要が生じたときに、短期間で、ある程度の会話力を確実に身につけます。

しかし、文法を学ぶことに問題がないわけではありません。文法を学ぶこと自体が自己目的化して、「文法のための文法」になってしまい、そこから抜けださない（抜けだそうとはしない）指導者がいます。

たとえば、どれだけ頭をひねっても5文型のなかに収まりきらない英文があるというのに深追いをやめず、自説をもって5文型に収めようとするのです（ちなみに5文型で英文のしくみがすべて解明されたことはこれまでありません）。そこに付き添わなくてはならない学習者は災難に遭ったようなものです。

文法学習は、あくまで「運用」のためものであり、「文法のための文法」であってはなりません。このことは学習者だけでなく、文法の先生も心に留めておかなければなりません。

## 「語順」どおりに意味をイメージするには

聞こえてくる順に英語を理解しようとするのですが、うまく意味の処理ができません。どうしたらいいのでしょうか。

英語の語順を日本語の語順に変換して訳すことを「返り読み」（戻り読み）と呼びますが、英語が聞き取れないと悩んでいる人は、間違いなく「返り読み」をやっています。

◆ ① The label says ② to take two pills ③ before meals.

これを聞こえてくる順（①②③）、すなわち「ラベルが言っている／２錠服用するように／食前に」ではなく、③②①の順、つまり「食前に２錠服用するようにとラベルには書いてある」と返り読みをやって意味を捉えているのです。

返り読みをやっていると、いつまでたっても話し言葉のスピードについていくことができません。英語の語順どおりに理解していくことは、コミュニケーション英語では欠かすことができないのです。

とはいえ、私は「返り読み」を真っ向から批判する者ではありません。よく「英文を返り読みしてはいけない」という批判を耳にしますが、「返り読みをしない」はトレーニングの目標ではなく、トレーニングによってもたらされた結果と捉えるべきです。

みなさんは、次の英文を頭から読んで、何をいっているのか理解することができますか。

◆ ① You'd be so nice ② to come home to.

これは有名なジャズのスタンダードの曲名ですが、聞こえてくる順（①②）に意味をイメージしてみましょう。

②の最後の "to" は何だろうと思いながら、「①あなたは素敵②帰宅して」と " 理解 " した人が多いのではないでしょうか。当初、あるジャズ評論家（大橋巨泉）はこれを「帰ってくれたらうれしいわ」との訳題をつけ、多くのジャズ・ファンにそのタイトルを定着させました。

しかし、少なくとも文法をひととおりやった人であれば、これが誤訳であることにすぐに気づくでしょう。

高校生のときに習う形容詞構文に次のようなものがあります。

◆ English is easy to learn for many Europeans.
= It is easy to learn English for many Europeans.
（多くのヨーロッパ人にとって英語は学びやすい）

これと同じで、英文法を身につけた人なら、主語（You）が

to 不定詞以下の意味の目的語になっていることに注目して、

◆ You'd be so nice to come home to.
= It would be so nice to come home to you.
（あなたが待っている家に帰れたら、どんなにうれしいことだろう）

と、英文を正しく理解します。つまり、「あなたが帰ってきてくれたらうれしいわ」ではなくて、「あなたが待っている家に帰れたら、（私は）どんなにうれしいことだろう」という意味だったのです。

「英文を返り読みしてはいけない」とはよく耳にする指導法ですが、「返り読みをせずに英語が正しくわかる」状態になるのは、文法をしっかり習得し、なおかつ多読した人だけがたどりつける結果なのです。

34

## 「間違えながら」覚えよう！

文法が大切であるのはわかりました。
でも、どの程度やるべきですか。

近年の英語教育では、「コミュニケーションのための英語」が重視され、文法は英語学習の片隅に追いやられてしまっています。

結果、どのようなことが起こっているのか。

多くの大学でささやかれているのは「最近の学生は英語ができなくなった」という教員たちの声です。

むろん、読み書きの基礎力をちゃんと身につけている大学生もいます。そうした学生はたいてい、高校の方針で文法をきちんとやったか、予備校や塾でしっかり文法を学んだかのどちらかです。

文法力不足を嘆く声は、企業の側からも聞こえてきます。「メールもろくすっぽ書けない」社員がけっこういるというのです。長いこと日本の企業との取引をしているカナダ人の友人は「文法ミスが多いメールを読んでいると、その人ばかりか、会社までも信用できなくなる。とくに若い人たちの文法ミスが多いね」とこぼしていましたが、ビジネス界における若い世代の文法力のなさはとりわけ深刻のようです。

文法に関していうと、わが日本では極端に走る傾向があります。そのときどきの風潮によって、「とことんやる」か「まったくやらない」のどちらかになってしまいがちです。

問題は、あなたの言うように、「どの程度までやるか」にあります。英文法の研究者や専門家になりたいというのであれば話は別ですが、やりすぎると、「文法のための文法」に陥ってしまいます。そうなっては元も子もありません。

たしかに文法を学ぶことはコミュニケーションの英語に役立ちますが、瑣末(さまつ)なことばかりに目がいってしまうと、いつのまにかコミュニケーション英語の現場から遠いところにいる自分に気づかされるはずです。

英語を学ぶ初期段階において、とくに是正されなければならないのは、「完璧主義」と「瑣末主義」です。

完璧を目指すことはよいことですし、細かなところに目を光らせることも悪いことではありません。しかしながら、とくに言語学習の初期段階においては、「完璧主義」と「瑣末主義」こそが、英語の上達を阻む見えない壁になっています。

結果、多くの英語学習者は「使いながら覚える」ということをせずに、“完璧”になるまで話さないでいるという態度を身につけてしまいました。

「できるようになってからしゃべります」というのは、「泳げるようになってからプールに入ります」と言っているようなものです。

残念ながら、「できるようになってからしゃべります」という人はまずしゃべる日がやってこないし、「しっかり準備してから TOEIC を受けます」という人は永遠に受験しません。

「使いながら覚える」ということは、すなわち「間違えながら覚える」ということです。ところが日本人は、この「間違える」ということをひどく怖がります。

間違えることが、すなわち「ダメ」とレッテルを貼られることだと捉えている人もいます。こうした人は、話さないから話せなくなり、話せないからますます話さなくなる、という悪循環に陥ってしまいがちです。

間違えながら覚えていくのが英語学習だ、と自分に言い聞かせましょう。

35

## どんな「文法書」がいい？

おすすめの文法書を教えてください。

文法が苦手な人たちは「そもそも文法用語が難しすぎて何を言っているのかわからない」と嘆きます。しかし現在では、難しい文法用語に頼らずに英文のありさまをわかりやすく説明している手引き書がたくさんあります。

学校英文法に挫折した人が「文法アレルギー」になる気持ちはわからないでもありません。また、そういう人たちは、文法を避けて、なんとか英語ができるようになる方途を模索しますが、残念ながら、文法を避けていてはいつまでたっても英語をものすることはできません。

しかし、文法をひととおりやれば、そこからの英語学習の道はかなり平坦になります。

かといって、細かな文法規則は気にすることはありません。英語学習の初期段階では、言語の「補助輪」のようなものだと思って、大まかに学んでください。じっさい、コミュニケーションの英語で必要となるのは、「仮定法」や「分詞構文」を習う高校一、二年生までの文法知識です。以下で、おすすめの文法書を紹介しましょう。

◆初級者用文法書

・『総合英語 Evergreen』編著者：墺タカユキ（いいずな書店）

英文法の「なぜ？」に着目した学習参考書。ひとりよがりのない説明の言葉はわかりやすく、高校生から一般の人まで幅広く支持されています。イラストや概念図も見やすく、初級者にとっては最良の一冊です。

・『マーフィーのケンブリッジ英文法（初級編）』レイモンド・マーフィー（ケンブリッジ大学出版局）

「文法用語が苦手」という人におすすめ。フルカラーで見やすく、しかもイラストつきなので、理論とイメージを結びつけることができます。コミュニケーションに必要な文法が網羅されており、そのまま会話に使える自然な例文が満載。1ユニット完結の見開き構成で、たいへん使いやすく、初心者に適した一冊といえます。

◆中級者用文法書

・『英文法解説』江川泰一郎（金子書房）

日本人の手による文法書の名著。500ページを超える大著ですが、体系的にたいへんうまくまとまっています。例文が豊富なうえに、文法項目の検索の容易さにおいてもたいへん使い勝手がよいものになっています。

文法を学ぶうえで、注意していただきたいことがあります。それは、日本人の先生から学ぶのがよい、ということです。学習者には少なからず「ネイティブ信仰」がありますが、日本人の多くが日本語文法を教えられないように、文法をきちんと教えられるネイティブもまた少数です。このことを知っておいてください。

日本人の先生なら、日本語で質問もできるし、英文のしくみをわかりやすい言葉で的確に説き明かしてくれます。

文法学習においては、疑問点を納得のいくかたちで解消することが大切です。それには母語（日本語）を介在させたほうが理解しやすく、またはるかに効率的です。

また近年、オール英語のモノリンガル（一言語使用）の指導は説明が浅薄になりがちで、文法理解を深めることができないという反省が生まれており、バイリンガル（日本語と英語の二言語使用）の指導が見直されています。

36

## 「英語で考える」とは

「英語で考える」ことができません。
どうしたらいいでしょうか。

英語が上達する秘訣は、とにかく「英語で考えること」(thinking in English) だといわれています。英会話学校の先生がよく口にしている決まり文句です。

「英語で考える」とは、日本語を意識にのぼらせないで英語で思考する状態のことをいうのですが、英語を学び始めたばかりの人が「英語で考える」ことなんてできるのでしょうか。

日々、日本語で思考している人が、「英語で考えろ」と言われて、ハイ、そうですか、と即座に英語で考えることができるものなのでしょうか。

これから日本語を学ぼうとするアメリカ人に、いきなり「日本語が上達する秘訣を教えてあげましょう。それは日本語で考えることです」と助言したらどうでしょう。

「おまえはクレージーか。冗談もほどほどにしてくれ。ニホンゴの初歩も知らないのに、どうしてニホンゴで考えられるというのか」

と一笑に付されてしまうでしょう。

考えてもみてください。そもそも英語で考えられるという域に達していれば、なにも英語の勉強などやる必要もないのです。

わたしたちは英語で考えられないから英語を学んでいるのです。初心者に「英語で考えろ」というのは、たんなる非現実的な理想論でしかありません。

英語を習得して「英語の達人」といわれるようになった人たちは、この「英語で考えろ」という指導法をいったいどんな目で見ているのでしょうか。

同時通訳者として名高かった國弘正雄先生は「英語ができるようになったから英語で考えることが可能なので、それは結果であって、断じて途中のプロセスではない。英語を教えてくれもしないうちから、英語で考えろ、など、まさに一知半解(いっちはんかい)の説」にす

ぎない、と真っ向から批判の矢を放ちました。

ビジネス英語のカリスマ的存在である杉田敏さんは「英語力がついてくれば、必要に応じて誰でもある程度自然に英語で考えることができるようになってきます。日本語による表現能力や、会話をすべき内容もない人に英語で考えさせるのは、無意味ですし、本末転倒」だと分析しています。

同時通訳者の篠田顕子さんは、日本で生まれ育った人の場合、「何事を学ぶにも日本語が主言語。英語で表現される外国人の話を理解しようとする時にもそれは変わらない」のだから、初学者の場合、「主言語で理解する以外に道はない」と断言しています。

同時通訳者の新崎隆子さんもまた「英語のスピーチを聞いた時でも、自分の頭のなかに残っているのは日本語をベースにして処理された情報」だと指摘、「少し高度な内容の情報処理にはやはり自分が最も使いなれたプロセッシング・ランゲージが必要」だと述べて、むしろ母語で理解することの重要性を力説しています。また、英語を話す場合においても、「話す内容を論理的に組み立てていくためには、性能のよいプログラミング言語が必要」で、日本語をしゃべって育ってきた人間には、それがすなわち日本語になるのだ、とつけ加えています。

英語の使い手たちは異口同音に、「初学者が英語で考えることはできない」との結論を導いているのです。

では、「まだ英語で考えられない人たち」が、英語で考えられるようになるためには、まずどんなことをしたらいいのでしょうか。そのへんのところを次に語ってみたいと思います。

## 「英語学習」の王道

「英語で考えられない人」がやるべき英語学習法とはどんなものなのですか。

20歳ぐらいのときだったでしょうか、その先生は私にこう言いました。

「それは、英語にとっていちばん効果的でしかもお金のかからない、しかも、いつでもどこでも、自分自身が主体的に場所なり時間なりを決めておこなうことのできる、その意味ではもっとも容易な方法である」と。

その先生とは“同時通訳の神様”と異名をとった國弘正雄先生です。先生いわく、「だまされたと思ってやってみなさい」。だまされたと思ってやってみろと言われて、だまされなかった稀少な教えのひとつとなりました。

いったいどんな奥義なのでしょうか。

それは――「音読」（oral reading）です。

◆The secret of improving your English is to read sentences

you understand out loud again and again.
（英語がうまくなる秘訣は、意味のよくわかる英文をくりかえし音読することだ）

巷（ちまた）にあふれる何々メソッドとか、なんとかアプローチといったややこしい理論ではありません。要は、「意味のわかる英文をくりかえし、ただひたすらに、身にしみ入るように音読する」ことなのです。

「意味のわかる英文」というところと、「音読する」（声に出す）というところが肝心です。素読（意味を捉えずに文字だけを音読すること）をするのではなく、英文構造の理解と意味内容の把握をしてから音読するのです。意味のわからない英文を音読しても、効果はまったく期待できません。

トロイアの遺跡を発掘したことで有名なドイツ人のハインリヒ・シュリーマンは、独学で数多くの外国語を習得した人ですが、彼もまた外国語学習の秘訣は「音読」だと喝破（かっぱ）しています。

外国語を使いこなしている人たちが共通して述べていることは「音読」の重要性です。

あなたは、歌の練習をするとき、目だけを使って練習しますか。それとも楽譜を黙読しますか。誰もそんなことはしないでしょう。歌の練習は、声を出して歌うのです。水泳を習うとき、教則本を読めば泳げるようになると思いますか。誰もそんなことは考えないでしょう。水泳の練習は、水の中に入って手足を動かすのです。

では、英語が話せるようになるためには、何をしたらいいのでしょう。目で文字を追う練習をしますか。もちろんそんなことは理屈に合いません。当然、声を出すのです。あたりまえのことです。ですが、このあたりまえのことが、わが日本ではどういうわけか、これまでずっとないがしろにされてきました。

「音読」は、言葉を身体に記憶させること、つまり内在化させることができます。

目は文字を追い、口は音読し、耳はその音を聞き、頭は意味を理解する。口や舌を動かすだけでなく、目と耳も同時に使うため、脳が活性化し、細胞はブラウン運動（粒子が不規則に絶え間なく動いている状態）を始めるのです。結果､文のしくみとコロケーション（連語関係)、リズム（律動）とフロー（流れ）を体得することができます。

「音読」を日々のトレーニングにしていると、一つひとつの英文が自然と頭のなかで活動を始め、そのうち頭であれこれと考えなくても、注いでいた水がグラスからあふれだすように口をついて勝手に出てくるようになります。日本語が頭に浮かばないのに、ふと英文の意味がイメージとして浮上してくるのです。そして、そのとき、あなたは「これが英語で考えるということなのか」と実感することでしょう。

意味のよくわかった英文をくりかえし声に出して読むことで、日本語による返り読みのクセが消えて、徐々に「英語で考える」ことができるようになっていくのです。

## 「音読」の回数

「音読」はいったい何回ぐらいやったらいいのですか。それから「音読」と「暗記」は何が違うのですか。

私自身、音読を始めるにあたって、気になることがひとつありました。それは「ひたすら声に出して読む」の「ひたすら」です。「ひたすら」とは数にしたらいったい何回ぐらいのことをいうのだろう。10回か、それとも100回か……。

あるとき、國弘先生に、「先生は音読が大切だとおっしゃいますが、先生ご自身、何回ぐらい音読をなさったのですか」と聞いたことがあります。すると、先生は「中学生のときは、ひとつのレッスンにつき、500回以上は読んだよ」と平然とおっしゃったのです。

ご、ひゃっかい？

艱難（かんなん）汝（なんじ）ヲ玉ニス（努力することで、人は立派になっていくの意）——さすがは“同時通訳の神様”と異名をとるだけの方は違うなあ、といたく感心したものです。

先生はさらに続けて、「納得するまで。自分が納得するまで音読すればいいんだよ」とおっしゃいました。

私は先生の言う「納得するまで音読する」を「頭の中に英語回路ができたと実感するまで音読する」と勝手に解釈して、ひたすら音読に励んだのでした。

英語が使えるようになった人たちは、修業期にどれくらい音読をしたのでしょうか。

英語の使い手たち（30 人）に聞いてみました。

「30 回から 50 回程度」と答えた人が全体の 90 パーセントでした（500 回以上と答えた人はひとりもいませんでした）。「10 回程度」と答えた人はひとりで、「10 回以下」と答えた人はひとりもいませんでした。

ある女性通訳者は、高校生のころを回想して、「100 回と決めていた。あのころ覚えた 1000 のフレーズをいまでもスラスラ言えます」とのことでした。彼女は高校 1 年生のときにすでに『ロングマン現代英英辞典』（*LDOCE*）を入手しており、興味をひいたおよそ 2000 の英文をそれぞれ 100 回ぐらい音読したそうです。

読者のなかには、「じゃあ、暗記と変わらないじゃないか」とつぶやいた方もいらっしゃるのではないかと思いますが、そもそも暗記とは目的が異なります。

暗記は暗記すること自体を目的としていますが、音読は「意味のわかる英文をくりかえし声に出す」のが目的であって、結果として「暗記できた」としても、それは音読の果実としてもたらされたものにすぎません。

急いでつけ加えますが、私は暗記することを軽視する者ではありません。むしろ、その効用の恩恵に浴した者として、暗記を積極的に勧めているくらいです。

昨今、暗記は人気がなく、仏つくって魂入れず（苦労して成し遂げながら肝心な点を欠いているの意）の例として引き合いに出されることがありますが、私の見るところ、多少とも真剣に学問や実務をやってきた人なら、暗記なしにはものごとの基本も習得できないことを骨身に沁みて知っています。

音読をやった人たちが共通して言うことは、音読をやっていると、脳のなかで「音と意味の回路がつながったと実感する瞬間がある」という経験をしていることです。

声に出して読み、舌が音を体得し、その音が耳になじんだとき、はじめて意味を持った音がストレートに脳に伝わる回路ができます。

では、音読はいいことばかりかというと、残念ながらそうではありません。読んだままを日本語に訳さず英語で理解してゆくという、いわゆる「直読直解」ができるようになると、音読はもう足手まといというか、時間を浪費する効率の悪い学習法となります。

大量の情報を短時間で吸収・処理するには、音読はやはり非効率です。上級者はどうしても速読（speed reading）のための黙読（silent reading）ができなくてはいけません。けれど、ここが重要なのですが、その黙読ができるようになるためには、やはり音読の道を一度は歩まなくてはならないのです。

## 「音読」のやり方

どんなふうに「音読」をやったらいいですか。

先に述べた國弘正雄先生は、「音声面を重視した英語教育をしてこなかったことが、日本の英語教育の最大の過ち（あやま）」と述べて、ひたすら「音読」の普及に尽力しましたが、先生の教えどおりに音読をやって上達をした人たちが、次から次へとその絶大なる効果を口にするようになって、音読トレーニングはその裾野をさらに広げるようになりました。

しかし一方、素読をするなど、自己流で音読を始める人もいて、その効果を疑う人が出てきたのもまた事実です。

音読は、ただ英文を声に出して勝手に読めばよいというものではありません。やり方を間違えると、何回やっても効果は期待できません。

《「音読」をするうえで大切なこと》

（1）テキストと音声教材（CD など）がセットになっているものを

選ぶ。

音声がないと、間違った発音とイントネーションで英文を読むことになってしまいます。教材は英文法の本でも、NHK の英語講座のテキストでもかまいません。また、教材が本（雑誌）でなければならない理由は、一冊をやり終えたことの " 達成感 " を持っていただくためです。

私が勧めるのは、NHK のラジオ英語講座です（予約録音できるラジオもあります）。TV 講座よりもテンポがよく、英語の音に集中できるようにつくられています。「高校生からはじめる現代英語」や「ラジオビジネス英語」など、興味のある講座や内容のものを選ぶとよいでしょう。

（2）**英文の成り立ちを理解しよう。**

意味のわかる英文を音読してください。意味がわからなければ、文の成り立ちを考えて、意味をつかみ取ってから音読してください。英文の成り立ちを理解することは、英文の語順を意識することにもつながり、リスニング力も伸ばすことができます。

（3）**リズムを感じとる。**

日本語はふつう、抑揚をつけず平坦な話し方をしますが、英語は波を打つような強弱を持ったリズムでしゃべります。単語の発音だけでなく、文全体のイントネーション（抑揚）を耳で感じ取ってください。その場合、聞こえてくる順に意味をつかんでいってください。リズムを感得することで、リスニングの力も伸ばせます。少なくとも 20 回は聞いてください。

### (4)「ボソボソと読む」のは厳禁！

ボソボソとつぶやくように発せられた英語は伝わりません。大きめの声ではっきり読みましょう。

### (5) 最低 50 回は読みましょう。

英文（スクリプト）を見ながら、最低 50 回は読んでください。英語の音をなぞるように読むのではなく、意味内容をイメージしながら声に出してください。「近い将来、この表現を使ってやるぞ」という意気込みで音読しましょう。慣れてきたら、英文から目を離して、「高速音読」をやってみましょう（脳科学の研究者である川島隆太さんによれば、速く読めば読むほど、脳は活性化する、そうです）。「加速、加速、もっと加速！」と自分に言い聞かせましょう。

### (6) ひとつの教材をやり終えましょう。

とにかく最初の一冊をやり終えてください。最後までやりきれば、達成感だけでなく、モチベーションもあがります。こうして、二、三冊とこなしていくうち、数カ月前とは格段に違う自分を発見するはずです。

## 「音読」の教材は何がいい？

「音読」を始めようと思うのですが、
おすすめ教材を教えてください。

初登山で「チョモランマ（エヴェレスト）に挑戦してみよう」という人はいません。小高い山からまず始め、徐々に険しい山へと目標をあげていくのが正しいやり方です。

英語学習もそれと同じです。基本的なことから手をつけ、だんだんレベル・アップしていきましょう。

英語学習を始めるにあたって大切なことは、「自分の英語力を客観的に判断する」ことです。「初級」（中学レベル）なのか、「中級」（高校・大学レベル）なのか、あるいは「上級」（ビジネス・レベル）なのか。大きく三つのレベルに分けて目標を設定することが必要です。

もうひとつは、「レベルに合わせて教材を選ぶ」ことです。幼児と成人の服のサイズが違うように、英語教材も身の丈（たけ）に合ったものを選ばなければなりません。

〈初級者向け〉

◆教材を選ぶ際のポイント

・分厚い教材、情報量の多いものは避ける。

◆学習のポイント

・「文のしくみ」（とくに語順）を覚える。

・リズムを感知する。

◆おすすめ教材

教材名：『みるみる英語力がアップする音読パッケージトレーニング』（CD BOOK）

著　者：森沢洋介

販売元：ベレ出版

おすすめの理由：収められている中学レベルのフレーズは初心者用の音読本として最適。

〈中級者向け〉

◆教材を選ぶ際のポイント

・語彙を増やすことを心がける。

◆学習のポイント

・基本となる3000語を確実に覚える。

◆おすすめ教材

教材名：『DUO 3.0』

著　者：鈴木陽一
販売元：アイシービー
おすすめの理由：単語（1600）と熟語（1000）を凝縮。例文が物語仕立てになっているうえに、実用性もすこぶる高い。不自然な英語がないのもうれしい。音声教材（CD）を精聴、そのあとでくりかえし音読する、という順でやるのがよいでしょう。

〈上級者向け〉
◆教材を選ぶ際のポイント
・「獲得したい英語」に重点をおく。
◆学習のポイント
・獲得目標をつねに確認すること。そして、そのために必要な英語づくりをやること。
教材名：『*How to Talk to Anyone*』（邦題『人をひきつけ、人を動かす）
著　者：レイル・ラウンデス
販売元：Thorsons
おすすめの理由：「獲得したい英語」に重点をおくのが上級者ですが、社交英語はレベルに関係なく身につけておいたほうがよいでしょう。本書は人間関係を円滑にして、恋愛、仕事、人生で成功をつかむ92のコツを伝授しています。人生の知恵がつまった有益な本であるばかりか、ユーモアを交えた語り口調も見事です。気に入ったフレーズを音読すれば、さまざまな場面に役立つはずです。

## 「聞く」はむずかしい！

### シャワーのように英語を浴びたら聞けるようになりますか？

「読めばわかる簡単な英語も聞き取れない」と多くの人が嘆きます。私自身、「読む」「書く」「話す」「聞く」のうち、もっともむずかしく感じられたのは「聞く」ことでした。

中学、高校時代は、読んで訳す「訳読」が中心だったため、英語の音を聞く機会がじつに少なかったのです。リスニングの授業さえありませんでした。

5歳まで英語圏で過ごし、かつては日本語よりも英語のほうがうまく扱うことができたという阿部公彦さん（東京大学教授）は、日本に戻ってきてからは自分のリスニング能力が伸びなかったことを嘆いておられます。そして、いまは「リスニングが得意どころか、むしろ苦手と言っていいくらいです。話し相手が何を言っているかわからないことはよくあるし、映画や討論番組の聞き取りもうまくいかないことがある」（『理想のリスニング』）と述べています。

このことは何を意味しているのでしょうか。

英語が聞き取れないのは、「リスニングのトレーニングを継続してやってこなかったからだ」と結論づけることができます。

逆をいえば、リスニングのトレーニングをやりさえすれば聞き取ることができるようになる、ということです。

そこで、リスニングのトレーニングを始めようと思い立つのですが、いろいろなやり方があって、あれこれ試行錯誤しているうちに挫折してしまう――こんな人がけっこういます。

私自身の経験をいうと、リスニングの初期段階おいては、ネイティブによる英語を「シャワーのように浴びる」という学習法がもっとも役立ちませんでした。

知り合いに勧められて、FEN（現在のAFN）放送をかけっぱなしにしておいたのですが、これがまったく役に立ちませんでした。たまに聞き取れる表現がポツポツあるだけで、リスニング力がついているという実感さえ得られませんでした。英語の音に慣れることはできましたが、「聞き取れる」ようにはならなかったのです。「音声に慣れること」と「音声内容を理解する」ことは、まったく別ものであるということを痛感したしだいです。

まわりの人にもたずねてみたのですが、意味のわからない英語を「シャワーのように」浴びて、「聞き流す」だけで、「いつのまにかわかるようになった」などという話は、いまも英会話教材の宣伝以外では聞いたことがありません。海外で生活をしている子どもなど、一部の例外を除けば、この方法はまったく効果が期待できません。

それどころか、「ムダな時間だった」とぼやく人のほうが圧倒的に多い。じっさい、「シャワーのように浴びる」学習法は、耳が英語に慣れるどころか、別にほかのことをやっていればその邪魔になるだけで、どちらにとってもきわめて効率が悪いのです。

だから最近では、「英語のシャワーを浴びないように」をリスニング指導の口ぐせにしています。意味のわかっている英文を意識的に聞かなければ、どれほど聞いても無意味なのです。

現在、多くの英会話学校では「トータル・イマージョン」（英語浸し）と称したプログラムを採用していますが、初級者にどれほどの学習効果があるのか、私は怪しいものだと思っています。

英語を浴びるように聞くことを「多聴」と呼びますが、これはある程度リスニングができるようになった人が取り組む学習法です。

では、初級者はどのようなトレーニングをしたらいいのか。同じ音源をくりかえし聞き、それを「音読」すること。これに尽きます。

なぜ、リスニング力をつけるために「音読」をするのか。それは「発音できる音しか聞き取れない」からです。

リスニング力を高めるためには、まず英語の音とリズムを体得しなければなりません。それにはどうしても「音読」が欠かせないのです。

42

## 「リスニング力」を伸ばすには

リスニングのやり方について具体的に教えてください。

「話す」は能動的ですが、「聞く」は受動的です。「話す」は自分で構文や語彙を選ぶことができますが、「聞く」はそれらを選択できません。

さらに聞き手は、話し手の表現法やスピードをコントロールできないという不自由さがあります。このことが「聞く」ことを、いっそう難しいものにしています。

ただ聞いているだけで英語が聞き取れるようになる——英会話教材を売り込むための、こうした宣伝文句をよく耳にしますが、あんなのはうそっぱちです。というのは、そのような教材で「英語が聞き取れるようになった」という人に、私はただのひとりも会ったことがないからです。

では、何をしたらいいのでしょうか。

リスニングに関していうと、漫然と聞き流すことはせずに、集中して音源を何回も聞くという「精聴」をやり、そのあとそれを真似て声を出す「音読学習」がもっとも効果があります。これは多くの英語の使い手たちが身をもって語っている、いわば“実証済み”の学習法です。

「精聴」とは「音声にじっくり耳を傾ける」ことですが、同時にディクテーション（dictation：聞き取れた語句を紙に書き出すこと）をやることでさらに英語の耳は鍛えられます。

「ディクテーションなんてなんだか古くさい」と思われた読者もいるかもしれませんが、それはディクテーションをしたことのない人の思い込みです。

ディクテーションをやれば、「音のつながり」（リンキング）に気づくようになるし、「音の強弱」への意識や英語の持つリズムをつかむことができます。

ディクテーション用の教材がたくさん出まわっていますが、まずは興味があるもの、得意分野のもの、そうした英文に耳を傾けてみることを勧めます。語られている事柄に関する基礎知識があれば、背景的事情もわかっているし、話の展開を予測しながら聞くことができるからです。

《「精聴」の心得》

（1）教材はやさしいもの（興味のある分野の短文・30秒～60秒ほど続く会話文）を選ぶ。

（2）音声をじっくり聞き、ディクテーションをやる（この段階では文字はまだ見ません）。

（3）スクリプト（読みあげられた英文）を見ながら、音に対応する語句のチェックをする。

(4) スクリプトを見ながら、くりかえし音読する。
(5) ふたたび音声に耳を傾けながら、自分の「英語の音」をチェックする。

「精聴」と並んで、リスニングに役立つものは「音読」です。意外に思われるかもしれませんが、リスニング・トレーニングでは「声に出す」ことがたいへん効果的です。

リスニング力とリーディング力のあいだには相関関係があり、英語をちゃんと読む力がつけば、聞く力も並行して向上します。

いうまでもないことですが、ちゃんと発音できなければ、英語の音は聞き取れません。使ったことのない音を聞き取ろうとしても、どだい無理なのです。

このようにして、「精聴」と「音読」をくりかえしやっていると、リスニングに対してかなりの自信がつきます。

そして、ひとつの音声教材をやり終えたら、次の教材へとすすむわけですが、私がおすすめするのは、やり終えるたびに、その音声ファイルを保存しておくことです。三つほどの教材を保存したころには、あなたの耳はかなり鍛えられたものになっていることを実感するはずです。

こうして「精聴」と「音読」を交互にやっていると、興味のあるものをどんどん聞いてみたいという欲求がわいてきます。そのとき、あなたはもう「多聴」の扉の前に立っているのです。

## 「英語の音」は変化する

一つひとつの単語は発音できるのですが、文章のなかで使われると聞き取れません。なぜでしょうか。

みなさんは “can” という単語をどんなふうに発音していますか。

おそらく〔キャン〕と読んでいるでしょう。では、次の英文に含まれる “can” と “can't” はどう発音しますか。

◆ I can speak English, but I can't speak Italian.
（英語は話せますが、イタリア語は話せません）

最初が〔キャン〕で、後ろが〔キャント〕と発音する人が多いのではないでしょうか。しかし、ネイティブの発音に耳をかたむけると、最初が〔クン〕で、後ろが〔キャーン〕と聞こえてきます。

強調する必要のない肯定形の “can” は弱く〔クン〕と発音され、強調する必要のある否定形は強く〔キャーン〕とか〔カーン〕と発音されるのです。“can't” の最後の子音（しいん）〔t〕はほとんど聞こえません。というわけで、〔アイクン・スピーキングリッシュ・バライ・キャーン・スピー（ク）・イタリァリェン〕のように聞こえてきます。

強調する必要のない単語（＝情報としてあまり重要でない単語）は弱く発音され、強調すべき単語（＝情報として重要な単語）は強く発音されるのです。

では、次の英文はどう聞こえてくると思いますか。

◆ Cut it out!

（やめて！）

単語を一つひとつ分けて発音すれば、それぞれ〔カッｔ／イッｔ／アウｔ〕ですが、〔カレ**ラ**ウ〕と聞こえます。

子音で終わる単語と母音（ぼいん）で始まる単語が連続するとき、個別の発音では存在しなかった音が生まれることを「リエゾン」（liaison：連結発音）といいます。

とくにアメリカ英語では、単語の途中や終わりにある “t” が母音で囲まれると、ラ(ダ)リルレロの音に近くなります。“water” は〔ウォーラ／ウォーダ〕になり Shut up.（黙れ）は〔シャラッ／シャダッ〕のように聞こえます。これもリエゾンのひとつですが、とくに「フラップ」（flap：弾音）と呼んでいます。

“Cut it out!” が〔カレ**ラ**ウ〕と聞こえる理由は、最初の二つの〈t〉がそれぞれ母音ではさまれているからです。

次の英文はどうでしょう。

◆ Could you repeat that?
（もう一度くりかえしていただけますか？）

〔クッ d・ユー〕とは聞こえてきません。

“Could you ...?” のように〈y〉の直前に子音（この場合は〈d〉）がきたとき、音が同化（assimilation）を起こし、〔クッジュ〕のように発音されます。“Did you ...?” は〔ディジュ〕に、“Would you ...?” は 〔ウッジュ〕のように聞こえます。これらもリエゾンのひとつです。

英語は、強弱の「リズム」を重視する言語です。強弱をつけることで音が変化し、文の抑揚が生まれます。ふだん抑揚をつけず、淡々と話している日本人には違和感があるでしょうが、そこに着目してトレーニングしないと、相手の言うことが聞き取れなかったり、自分の言おうとしていることが伝わらなかったりします。

現在は CD、DVD、インターネットなど、発音を練習するための教材がいろいろとそろっています。とりわけ YouTube の動画共有サービスは、飾らない普段着の英語であふれています。ぜひ音声教材を使って「英語の音」を体感してください。発音トレーニングに限っていえば、自分に適したサイトに出会えれば、短期留学をするよりもずっと効率的でしょう。

## 「発音上手」になるには

どうして日本人はネイティブのような発音ができないのですか。

どんな言語にも音声があります。文字を持たない言語はたくさんあっても、音声を持たない言語はありません。

音声は言語の主体です。しかし、日本の学習者はいまも英語の発音が得意ではありません。原因のおおもとは、英語教員が「英語の音」を獲得していないことにあるようです。

言語にはさまざまなルールがありますが、発音（音声）にも言語ごとのルールがあります。ネイティブであっても、フォニックス（phonics）と呼ばれる授業で、綴り字と発音の関係を学んでいます。

しかし、日本における現行の英語教職課程では音声学が必修科目ではないため、履修しなくても中高の英語教員の免許を取得できてしまうのです。学校での発音指導が不充分なのもうなずけます。

ある調査では、約36パーセントの中学の先生が「発音指導に自信がない」と答えています。高校教員でもおよそ20パーセントにのぼります（小学校教員では67パーセントが「音声指導が難しい」と答えています）。

高度な英語力を持っているはずのそれら教員のなかにはTOEICのスコアが著しく低い者もいて、英語トレーナーの千田潤一さんから「これは英語を教えるレベルではなく教わるレベルです。英語ができなくても飯が食える唯一の英語関係の仕事が中学高校の英語教員って、おかしくないですか」と手厳しく批判されています。

英語の発音には、日本語にはない音（おん）があります。音というのは音声学の用語で、日常生活のなかで耳に入ってくる音（おと）と区別して使われています。

音には、大別すると母音と子音の二つがあります。日本語にはアイウエオの五つの母音がありますが、英語の母音は、「ア」と「オ」の中間音のような音などをはじめとして10以上あります（20音素あるともいわれています）。このことは、英語には日本語にない音がたくさんあるということを意味します。

それればかりか、個々の単語がきちんと発音できたとしても、位置によって音が消えたり、ほかの音に化けたりするので、聞き取れないということがしばしば起こります。

次の表現は、ネイティブの発音では、

・Can I ...?〔ケナィ〕

・What are you ...?〔ワラュ〕

・Who do you ...?〔フルュ〕

と聞こえてきます。

しかし、だからといって、わたしたち日本人がネイティブのように発音しなければならないかというとそうではありません。

でも、耳はネイティブの発音を知っておいたほうがいい。ネイティブのように発音できなくても、耳で聞いてわかればいいのです。さらにいうと、耳が英語の音を聞き取れるようになると、発音もそれに近いものになります。

じっさいネイティブたちは、日本人のカナ発音を「上品」で「かわいい」と言います。なかには、「貴族的」であり、それゆえに「美しい」とまで書いているアメリカ人もいます。

とはいえ、すべてがカタカナ発音になってしまうと、相手に伝わらない可能性が高いので（とくに名詞）、あくまでカタカナ発音が許容されるのは全体の一部にすぎないと考えたほうがよさそうです。

45

## 日本人が「不得意な音」

僕の発音はかなり「日本人っぽい」そうです。どこに問題があるのでしょうか。

こと発音に関していえば、長いあいだ日本の英語教育は根本的な過ちを犯し続けてきました。

それは、「音を目で学ぼうとした」ことです。

本来、音は耳で覚えるべきものなのに、文字やイラストから英語の音を習得しようとしたのです。顔面を切断したグロテスクなイラストを眺め、舌の位置がどうのこうのと説明してある文字を読むというトレーニングを長年にわたってやってきました。音声教材がないばかりか、先生も自分の発音に自信がなかった時代の話です。

しかし、CD や DVD の普及により、英語の音にたやすくアプローチできるようになりました。なかでも DVD による教則本は著しい効果をあげるものとして高く評価されています。DVD つきの本は、口や舌の動きがちゃんと確認できるので、発音が不得意な人でもわずか 1 週間ほどで基本の「音」を取り込むことができます。

現在では、YouTubeで英語の「音」を学ぶことができます。気軽で、しかも良質なものがたくさんあるので、これを利用しない手はありません。

単語の発音に関して、日本人が苦手としている四つを取りあげてみましょう（じっさいの音で学ぶのが最良ですが、ここでは文字で説明します）。

（1）子音と母音

日本語では、「ん」と「っ」を除けば、「さ」であれ、「ぐ」であれ、「ぱ」であれ、すべて母音を含みますが、英語は子音が連続するという特徴があります。

さらにいうと、日本語では音節の最後はたいてい母音ですが、子音で終わることのほうが英語ではむしろふつうです。

たとえば、“next” は〔nekst〕と読みますが、日本人はすべてに母音をつけて〔ne-ku-su-to〕（ネクスト）とやってしまうのです。

とくに子音で終わる場合（とくに、語末の p/t/k/b/d/g の六つ）は、ほとんど発音しないほど弱くなるということを覚えておいてください。

（2）語末の〈l〉

日本人の場合、“feel” を〔フィール〕、“will” を〔ウィル〕、still を〔スティル〕と母音を含んだ〔ル〕で発音してしまいます。ネイティブはこれを〔フィーゥ〕、〔ウィゥ〕、〔スティゥ〕と発音しています。語末の〈l〉は小さな〔ゥ〕で代用してみましょう。

（3）〈r〉と〈l〉

〈r〉は小さな〔ゥ〕を出すつもりで発音すると、かならず〈r〉の音になります。“right” は〔(ゥ)ライ t〕とやるのです。〈w〉の音を出すように、口をとがらせて「ゥ」とやるのがコツです。

〈l〉は「ぴっちぴっち、ちゃっぷちゃっぷ、ランランラン」の“ ラ ”の舌の位置が〈l〉だと覚えて（舌の先端が上の前歯の裏についています）、小さな〔ヌ〕を出すつもりで発音すればよいのです。たとえば light は〔(ヌ)ライ t〕とやるのです。

（4）〈th〉

“think” や “thank” の〈th〉は、舌を平たくして、舌先を軽く噛んで「サシスセソ」と言ってみましょう。慣れてきたら、舌を前歯の裏にあてて音を出してみましょう。それが〈th〉の音です。

## まずは「3000語」を！

単語の数ですが、いったいどれくらい覚えればいいのですか。

言いたい単語がすぐに出てこない。そんなもどかしい思いをした経験をしたことがありませんか。

語彙力とは「どれだけ多くの単語や言いまわしを知っているか」ということに関する能力のことですが、語彙力がなければ、コミュニケーションは成立しません。

そんなこともあって、コミュニケーションに必要なのは「なによりも語彙だ」と主張する研究者もいます。デイヴィッド・A・ウィルキンズという言語学者は「文法がないと、ほとんど伝わらない。語彙がないと、まったく伝わらない」（Without grammar very little he conveyed, without vocabulary nothing can be conveyed.）とまで言っています。

日常で用いられている単語はおおよそ3000語だといわれています。しかし、この3000語がなかなか覚えられない。

どうしてでしょうか。

単語集をぼーっと眺めていてはだめです。声に出し、書いてみないと単語はなかなか覚えられません。

英単語はテストの要素を加えると、記憶の定着が高まるという研究報告があります。単語集を購入するのであれば、テスト問題がついているものを選んだほうがいいでしょう（選択問題よりも記述問題のほうがより効果的です）。

覚えられないもうひとつの理由は、「ひとつの単語に異なる複数の意味があるから」です。それが単語学習を停滞させてしまっています。

“work” という単語を眺めてみましょう。

ある英和辞書を引いてみると、「働く」「（機械が）動く」「（計画が）うまくいく」など、動詞では 12 の意味、名詞では 11 の意味を載せています。

しかし、“work” を「さまざまな意味を持つ動詞」として捉えているネイティヴ・スピーカーはいません。

英語を母語にしている人にとって、“work” の基本イメージはひとつです。それは「主体（人・物）が本来の役割を果たそうとする」というイメージです。

主語が労働者あれば、“work” は「働く」ですし、学生ならば「勉強する」、機械ならば「動く」、計画ならば「うまくいく」、薬ならば「効く」という具合なのです。要するに、主語と、しかるべき役割を結びつけているのです。

また、名詞の “work” は「仕事」や「作品」などの意味をもちますが、本来の役割を果たす活動（＝仕事）、役割がもたらした成果や産物（＝作品）と考えてみれば納得がいくでしょう。

単語に関しては、コア・ミーニング（core meaning：中核的意味）をつかむことが大事です。コア・ミーニングを覚えることによって、学習効率もまた高めることができます。

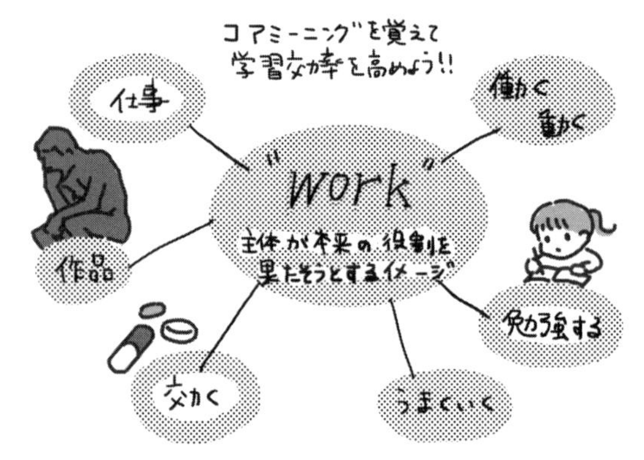


従来の単語集や英和辞典は、単語を用法で分類し、それぞれに日本語訳をつけることで意味を区別していました。しかし、このやり方では、ひとつの単語に対して複数の日本語訳が提示されることになり、結果的に単語の全体像がぼやけ、読者に機械的な暗記を強いることになりました。

そこでコア・ミーニングに注目が集まるようになり、単語の中核的意味と意味展開の連続性に関する研究がすすみました。その意味おいて、画期的な役割を果たしたのは『Ｅゲイト英和辞典』『エクスプレスＥゲイト英和辞典』（いずれもベネッセコーポレーション）でした。コア・ミーニングはもちろんのこと、視覚的に見やすい図を数多く載せて、教育的な工夫を数多くほどこしています。

47

## 「語彙」は教養である

いまのところ僕は英語を学ぶ必要性を感じていません。社会問題にもあんまり興味がありません。それってやばいですか。

立花隆（1940-2021）というジャーナリストを知っていますか。執筆テーマは、生命、医療、脳死、臨死体験、神秘体験、宇宙、コンピュータ、生物学、サル学、文明、政治、経済など多岐にわたり、多くの人々の蒙（もう）を啓（ひら）いてくれた「知の巨人」です。

彼はあなたのような大学生に向けて、「大学で得た知識など、いかほどのものでもない。社会人になってから獲得し、蓄積していく知識の量と質、特に20代・30代のそれが、その人のその後の人生にとって決定的に重要である。若いときは、何をさしおいても本を読む時間を作れ」と語っています。

さまざまな本を読んでいると、興味のあるジャンルがきっと見つかるはずです。私は、読書をつうじて、英語の歴史や日本人の英語受容史に関心を持ついっぽう、戦争、諜報（ちょうほう）、マフィア、時代小説、ミステリー小説、落語、ポピュラー音楽史、俳句などに食指を伸ばしてきました。翻訳書がなければ、英語で書かれたものを手に入れて読みました。

いまさら思うのは、英語を「道具」とわりきって、そのつど必要な語彙を仕入れ、その分野の本を多読してきたことの恩恵の大きさです。もっと知りたい――興味のある分野に対して、そうした熱意があるだけでした。

欧米崇拝と結びついたネイティブ英語の獲得を目指していたならば、たぶん屈辱のうちに、英語に挫折していたことでしょう。英語でインタビューしたり、翻訳することができるようになったのも、英語を「道具」とわりきって語彙を増やしてきたからだと確信しています。

読書をすれば、語彙が多くなります。語彙とは「語句」の「集まり」(彙とは「集まり」の意)という意味です。

語彙力が豊かになると、それが表現力や説明力に直結し、仕事でもプライベートでも「一目おかれる存在」になれます。人は無意識のうちに語彙をつうじて、相手の知性を判断しているからです。

逆に、あなたが「やばい」「マジ」「うざい」などの小学生レベルの語彙しか持っていなければ、一流の人たちは寄ってきません。

語彙が貧困だと、深く思考することができません。語彙力とその使い方を見れば、知識の総体、そして教養(身についた知性)の奥行きがわかります。

「言葉は身の丈」ということわざがありますが、言葉づかいや語彙力は人格や品位まであらわすのです。

これは英語でも同じことです。語彙力が少ないと、言いたいことがうまく伝わりませんし、語彙不足のせいで、「また会いたい」「一緒に仕事をしたい」という気持ちさえ失せてしまうことさえあるのです。

ちなみに英語圏の教養人は3万語から5万語ぐらい持っているといわれています(英検1級の合格者は1万語程度です)。

本を読んでいれば、興味のあるものに出会えるし、語彙も増えていくはずです。一朝一夕(いっちょういっせき)でかなうものではありませんが、きっと見える世界が変わってくるでしょう。

48

## いつから「多読」を始めるか

英語を身につけるには「多読しなさい」とよく言いますが、「多読学習」はどの段階から始めるのがいいのでしょうか。

たくさん本を読むことを「多読」（extensive reading）といいます。「多読」のいいところは、楽しみながら英語力を伸ばせるところです。

しかし、いきなり「多読せよ」と言われても、容易にできるものではありません。じっさい、次のような質問をよく受けます。

「英語学習のどの段階から、“多読”をしたほうがいいのですか」

次もよくある質問です。

「わからない単語と出くわしたら、どうしたらいいの。そのつど辞書を引くのですか」

これらに対する答えが、すでに明治39年（1906）に出されています。英語教師でもあった夏目漱石は「多読」について以下のような文章を書いています。

《英語を修(おさ)むる青年はある程度まで修めたら辞書を引かないで無茶苦茶に英書を沢山(たくさん)読むがよい、少し解(わか)らない節があって其(そ)

処は飛ばして読んでいってもドシドシと読書していくと終いには解るようになる、又前後の関係でも了解せられる、其れでも解らないのは滅多に出ない文字である、要するに英語を学ぶ者は日本人がちょうど国語を学ぶような状態に自然的習慣によってやるがよい、即ち幾度となく繰り返し繰り返しするがよい、ちと極端な話のようだが之も自然の方法であるから手当たり次第読んでいくがよかろう。》(「現代読書法」)

興味深いのは、英語をある程度まで修めたら、あとは「多読」せよ、その場合、辞書を引かないほうがよい、と勧めているところです。これは、いまも通用する「多読の技法」です。

文法を大まかに習得し、単語を3000語ほど覚えたら「多読」するのがよい、と言い換えてもいいでしょう。

以下に、「多読の心得」をまとめておきます。

(1) 興味のある本を選ぶ。

興味のないものはつまらなく感じられるものです。料理に興味がある人が建築に関する本を読んでも数ページで投げだしてしまうでしょう。自分が関心を持つものであれば、わからない単語と出くわしても類推できる可能性が高い。たとえば、それがmanga(日本の「マンガ」を英訳したもの)であった場合、すでにそのマンガを日本語で読んでいる可能性が高いので、初見であってもたやすく類推でき、しかも多くの口語表現を「使える単語」として定着させることができます。

(2) やさしい本から読み始める。

内容が平易なものは、基本単語を使っている割合が高く、基本単語のイメージを知らずしらずのうちに身につけることができます。わからない単語だらけの本は避けたほうがいいでしょう。目安としては、一行に二つ以上意味のわからない単語があれば、あなたのレベルに合っていません。最後まで楽しく読み切れそうなものを選ぶ——これが「多読」を継続させる秘訣です。

(3) 辞書を引かない。

わからない単語に出会うたびに辞書を引くと、そこで思考の流れが途切れてしまい、その世界に没入できなくなってしまいます。小説の場合、7割ほど理解できれば、物語を楽しむことができます。9割ぐらいわかれば、いくつかの言いまわしに感心する余裕さえ生まれるでしょう。わからない単語に出くわしたら、かまわず飛ばしてしまいましょう。辞書をどうしても引きたくなったら、「本日ぶん」を読み終えたあとで、「この単語の意味だけは知りたい」というものだけを引くようにしましょう。

## 英作文は「英借文」なり

「きみの書いた英文はわかりにくい」と言われました。どうすればネイティブのように書けるようになりますか。

ネイティブの書いた英文と自分のそれを比較してみると、英語と日本語の発想の違いを否応なく思い知らされます。しかし、ネイティブの「型」を真似していくうち、「伝わる英語」のデータベースが厚みを持つようになります。

私が高校生のときに教わった英語の先生は「英作文は英借文なり」（伊地知純正・早稲田大教授の言葉だとされています）とダジャレのようなことをよく言っていましたが、ふりかえってみると、じつに説得力のある教えでした。

「英作文は英借文なり」とは、英文を勝手に「つくる」のではなく、すでにある正しい英文の型を「借りる」ことにより、自分が表現したい文へとつなげていくことです。

「英借」する際に忘れてはならないことは、「見たことも聞いたこともない文章を勝手に書いてはならない」ということ。自分でこねくりまわして“創作”した英文は、残念ながら文法的にも語法的にも誤りを含んでいる可能性がひじょうに高いのです。
そこでおすすめするのが、和英辞典やネイティブ・スピーカーが書いたエッセイやメールの一部をモデルとして４行日記を書いてみることです。
日記は書くことは楽しい反面、面倒にもなりがちです。「毎日、英語で日記を書くんだ！」と固く決意をしてしまうと、それだけでもう負担になってしまいます。
何か感動したことや思わぬ出来事が自分の身に起きた日にだけに書くことにして、気楽にのんびりとやったほうが長続きします。一回の分量も決める。それも長くは書かない。
そこで、おすすめするのが「４行日記」です。
とにかく英文を四つ書く。それ以上もそれ以下も書かない。例を出してみます。

（例１）October 3, 2021
I caught a cold.
I have a runny nose.
And I also have a slight fever.
I'll take some medicine and go to bed early tonight.
風邪をひいた。
鼻水が出る。
それに微熱もある。
薬をのんで、今夜は早く寝よう。

（例２）November 25, 2021

I watched a movie called “Forrest Gump".
I felt sad, but I was deeply moved.
It's definitely one of the classics.
A movie is like a 2-hour trip.
『フォレスト・ガンプ』という映画を見た。
悲しかったが、とても感激した。
文句なしの名作だ。
映画は 2 時間の旅のよう。

（例 3）December 15, 2021
I've had a huge money problem.
I got an expensive road bike.
I've been broke for a while.
Poor me.
このところ、大きな金銭的な問題を抱えている。
高価なロードバイクを買ったからだ。
ここしばらくはスッカラカンの状態。
可哀想な僕。

どうですか。こんなふうにやるのだったら、書けそうな気がしてきませんか。日記を書けば、モチベーション維持に役立つばかりか、素直な自分の気持ちと向き合うことができます。

## どんな「辞書」を使ったらいい？

英語を学ぶうえで必要なのはまず辞書ですが、どんな辞書を使ったらいいのですか。

英語学習に欠かせないものといえば辞書ですが、なかには単語のコア・イメージ（中核的イメージ）が図解されていたり、類語のニュアンスの違いを説明していたりして、とても親切なものがあります。

辞書は、英和、和英、できたら英英を持ってください。

以下、辞書選びのポイントをずばりお教えします。

《辞書を選ぶときのポイント》

**（1）新しい辞書を使用する。**

言葉は生き物です。新しい語が次々と生まれています。辞書は新しい版のものを手に入れてください。

**（2）「電子辞書」と「紙の辞書」を併用する。**

「電子辞書」（音声機能のついたもの）は軽量なので、持ち運びにはたいへん便利です。単語を入力すればすばやくアクセスできるばかりか、英英辞典で調べた単語をそのまま英和辞典に飛んで検索ができます。

いっぽう、「紙の辞書」はイラストや図解を含めた全体の情報がいっぺんに目に入るのでたいへん役立ちます。

また、マーカーで色をつけたり、線を引いたりすることのできる「紙の辞書」は、単語の全体像をつかみやすく、自分が以前にどこに注目したかということがわかるという利点があります（私は「紙の辞書」の愛用者です）。

それぞれ利点があるので、自宅では「紙の辞書」、外出先では「電子辞書」というふうに使い分けている人もいます。

### (3)「英和辞典」は見やすいものを選ぶ。

英和辞典はレベルが高く、それぞれに特色があって、見比べる楽しさがあります。ちなみに私がよく使っている英和辞典は、文法・語法の説明がくわしい『ウィズダム英和辞典』（三省堂）と、単語のコア・ミーニングがわかりやすい『Ｅゲイト英和辞典』（ベネッセコーポレーション）です。また、アプリの『ウィズダム英和・和英辞典』は、説明が充実しているうえに例文検索が豊富で、たいへん重宝しています。

### (3)「和英辞典」はコラムが充実しているものがよい。

和英辞典は優劣の差が著しい。なかには見出し語の訳語だけを羅列するだけで、意味の違いや使い方を明らかにしていないものもあります。

おすすめするのは『スーパー・アンカー和英辞典』（学研プラス）と『オーレックス和英辞典』（旺文社）です。

前者は、日常の語彙（とくに若者言葉）を数多く採り入れ、人々の時代意識を例文にうまく反映させています。コラムも充実しており、とくに「あなたの英語はどう響く？」は日本人学習者にはたいへん役立つものとなっています。

後者は、語の使い分けがわかりやすいうえに、100 名以上の母語話者を対象とした調査結果をまとめたコラム（「PLANET BOARD」）を 126 項目も載せており、現代英語の諸相を映し出す貴重なデータとなっています。

**（4）英英辞典は非ネイティブ・スピーカーの学習者を対象にしたものがよい。**

『ロングマン現代英英辞典』（*Longman Dictionary of Contemporary English*）は、8 万もの語句を基本 2000 語で説明しているので、長く親しんでいるうちに自然とやさしい語句でパラフレーズする（言い換える）ことができるようになります。

『コウビルド英英辞典』（*Collins Cobuild Advanced Learner's Dictionary*）は、見出し語の意味をフルセンテンスで定義しているので、あたかも口頭で教えてもらったような印象を受けます。語のイメージがつかみやすく、フルセンテンスなので「音読」にも適しています。

「英語」が抱える問題点とその学習法について大まかに論じてきました。どんな感想をお持ちになったでしょうか。

最後に、英語の世界をもっと知りたいと思っている読者のみなさんに以下の本を読むことをおすすめします。

◎ 英語と日本人の関係について知りたいあなたへ

『英語を学べばバカになる』（光文社新書）
著者：薬師院仁志

『英語の害毒』（新潮新書）
著者：永井忠孝

◎ 英語を身につけたいと思っているあなたへ

『國弘正雄の英語の学びかた』（たちばな出版）
著者：國弘正雄

『日本人に一番合った英語学習法』（祥伝社黄金文庫）
著者：斎藤兆史

英語をやるにせよ、やめるにせよ、その決断にあたって本書（および推薦図書）が少しでもお役に立てれば、それにまさる喜びはありません。

この本を書くと決めたその日から、寝食こそ忘れることはありませんでしたが、世の中のことをしばし忘れ、執筆に没頭しました。多くの本に助言を求めるいっぽう、友人知人には多くのヒントをいただきました。ありがとうございました。

とくに、執筆を熱心にすすめてくださった現代書館社長・菊地泰博氏には心からの謝謝（しえしえ）（中国語で「感謝」の意）を、編集の労をとってくれた雨宮由李子さんにはメルスィ・ボクゥ（フランス語で「お世話になりました」の意）を、素敵なイラストを描いてくださった杉本綾子さんにはムーチャス・グラシアス（スペイン語で「ありがとうございました」の意）を、学識高きわが友人たちにはダンコン（エスペラント語で「ありがとう」の意）を捧げます。

2021年初秋　　　著　者

## ◉ 参考文献


『完全言語の探求』ウンベルト・エーコ（平凡社ライブラリー）
『消滅する言語』デイヴィッド・クリスタル（中公新書）
『英語』デイヴィッド・クリスタル（紀伊國屋書店）
『英語の未来』デイヴィッド・グラッドル（研究社出版）
『英語の冒険』メルヴィン・ブラッグ（アーティストハウス）
『言語の興亡』R.M.W. ディクソン（岩波新書）
『英語の帝国』平田雅博（講談社選書メチエ）
『ことばと国家』田中克彦（岩波新書）
『国家語をこえて』田中克彦（筑摩書房）
『祖国とは国語』藤原正彦（新潮文庫）
『英語帝国主義に抗する理念』大石俊一（明石書店）
『日本人はなぜ英語ができないか』鈴木孝夫（岩波新書）
『目にあまる英語バカ』勢古浩爾（三五館）
『日本語が滅びるとき』水村美苗（筑摩書房）
『ザ・ジャパニーズ』エドウィン・ライシャワー（文藝春秋）
『日本テレビと CIA』有馬哲夫（宝島 SUGOI 文庫）
『受験英語と日本人』江利川春雄（研究社）
『小学校での英語教育は必要ない！』大津由紀雄編著（慶應義塾大学出版会）
『10 代と語る英語教育』鳥飼玖美子（ちくまプリマー新書）
『TOEFL・TOEIC と日本人の英語力』鳥飼玖美子（講談社現代新書）
『あえて英語公用語論』船橋洋一（文春新書）
『英語学習のメカニズム』廣森友人（大修館書店）
『理想のリスニング』阿部公彦（東京大学出版会）
『英語学力の経年変化に関する研究』斉田智里（風間書房）
『日本人のための英語学習法』里中哲彦（ちくま新書）
『英文法の魅力』里中哲彦（中公新書）

**里中 哲彦**（さとなか・てつひこ）

1959 年、静岡県生まれ。早稲田大学政治経済学部中退。
コラムニスト、翻訳家、河合塾講師、河合文化教育研究所研究員（「現代史研究会」主宰）。
著書に『英文法の楽園』『英語の質問箱』（中公新書）、『はじめてのアメリカ音楽史』『朝から晩までつぶやく英語表現 200』（共著、ちくま新書）、『ビートルズを聴こう』（中公文庫）、『鬼平犯科帳の真髄』（現代書館→文春文庫）、『アフォリズムの底力』（プレイス）など。
訳書にキャサリン・A・クラフト『日本人の 9 割が間違える英語表現 100』『日本人の 9 割が知らない英語の知識 181』（ちくま新書）、ジョナソン・グリーン『名言なんか蹴っとばせ』（現代書館）など多数。

---

そもそも英語(えいご)ってなに？
「侵略(しんりゃく)の英語史(えいごし)」と「学習(がくしゅう)の極意(ごくい)」

2021 年 11 月 30 日

著　者　里中哲彦
発行者　菊地泰博
発行所　株式会社現代書館
〒 102-0072　東京都千代田区飯田橋 3-2-5
電話 03-3221-1321　FAX 03-3262-5906
振替 00120-3-83725
http://www.gendaishokan.co.jp/

印刷所　平河工業社（本文）
東光印刷所（カバー・表紙・帯）
製本所　鶴亀製本
装　幀　大森裕二
カバー・本文イラスト　杉本綾子
校正協力　高梨恵一


ISBN978-4-7684-9201-7

定価はカバーに表示してあります。
乱丁・落丁本はお取り替えいたします。



活字で利用できない方のための
**テキストデータ請求券**
『そもそも英語ってなに？』